新标准 中文本科系列教材

中级中文综合教程 2

ZHONGJI ZHONGWEN ZONGHE JIAOCHENG

总主编：张　浩
主　编：强星娜
编　者（按姓氏笔画排列）：
刘慧娟　李玉玉　尚　英　董洁琼　强星娜

北京语言大学出版社
BEIJING LANGUAGE AND CULTURE UNIVERSITY PRESS

图书在版编目（CIP）数据

中级中文综合教程 . 2 / 强星娜主编 ; 刘慧娟等编 . 北京 : 北京语言大学出版社, 2024. 11. -- （新标准中文本科系列教材 / 张浩总主编）. -- ISBN 978-7-5619-6677-8

Ⅰ. H195.4

中国国家版本馆 CIP 数据核字第 2024JM6863 号

中级中文综合教程 2

ZHONGJI ZHONGWEN ZONGHE JIAOCHENG 2

排版制作：北京创艺涵文化发展有限公司
责任印制：周 燚

出版发行：北京语言大学出版社
社　　址：北京市海淀区学院路 15 号，100083
网　　址：www.blcup.com
电子信箱：service@blcup.com
电　　话：编 辑 部　8610-82303395
国内发行　8610-82303650/3591/3648
海外发行　8610-82303365/3080/3668
北语书店　8610-82303653
网购咨询　8610-82303908
印　　刷：天津嘉恒印务有限公司

版　　次：2024 年 11 月第 1 版　　**印　　次**：2024 年 11 月第 1 次印刷
开　　本：889 毫米 × 1194 毫米 1/16　　**印　　张**：17
字　　数：244 千字
定　　价：68.00 元

PRINTED IN CHINA

总前言

中文作为第二语言教学，其命名从“对外汉语教学”演变为“汉语国际教育”，再进一步发展为“国际中文教育”，这两次关键性的更名标志着中文教学领域的持续拓宽，彰显了其在全球范围内的普及与影响力的逐步提升。为顺应新时代国际中文教育事业的发展需求，2021 年 3 月，中华人民共和国教育部、国家语言文字工作委员会正式发布了《国际中文教育中文水平等级标准》。该标准创造性地推出了“三等九级”的新范式，同时提出了“等级质量”与“集成创新”的新理念，优化升级了“3 + 5”（“3”指言语交际能力、话题任务内容、语言量化指标三个层面，“5”指听、说、读、写、译五种语言技能）规范化新路径。正是在这样的时代背景下，“新标准中文本科系列教材”（以下简称“新标准中文”）应运而生。本系列教材旨在以《国际中文教育中文水平等级标准》为参照，更好地满足新标准下本科来华留学生中文教学的需求。

一、适用对象

“新标准中文”主要是为来华攻读汉语言专业本科学历的留学生量身打造的，能够全面满足初、中、高各层次的中文综合课、专业技能课和专业知识课的教学需求；也可用作海内外相关培训课程的中文教材，来华学习中文的长期进修生及中文自学者也可选用。

二、结构规模

“新标准中文”的教材体系与专业课程体系联系紧密，采取综合语言能力培养与听、说、读、写、译专项语言技能训练相融合的教学模式和教材编写模式。此外，还增设了商务、翻译、教学等专业方向的专业语言技能教材和专业知识教材，以满足不同领域的学习需求。全套教材被精心划分为三个层级和两个序列，即初、中、高三个层级，横向和纵向两个序列。横向序列，根据课程性质和专业方向，划分为汉语言技能与知识、文化知识、汉外翻译、商务汉语四大板块，确保学习者在各个领域得到全面的学习。纵向序列则以综合课教材为主线，辅以听、说、读、写各分项技能的配套教材，贯穿一至四年级，平衡了一般技能课与各层级专业技能课、知识课的比例，确保学习者在各个学习阶段都能获得深入而均衡的学习效果。

三、编写理念

本系列教材深度融汇了第二语言教学理论及学习理论，充分考虑了学习者的个体特征、认知差异以及实际需求。在编写过程中，我们始终秉持语言学习与知识学习相融合的教学理念，旨在全方位提升学习者的汉语言能力及自主学习能力，特别强调对学习者认知能力与跨文化交际能力的双重培养，确保学习者在掌握语言技能的同时，拥有更加宽广的视野和跨文化的沟通素养。

“多元、立体、创新、智能”是本系列教材的基本理念。多元，即对教学法、教学理论、教学大纲及教学材料、训练方式兼容并包；立体，即加强主干教材和配套教学资源的综合开发；创新，即在继承原有成熟的教学理念、教学方式和教材编写研究成果的基础上，对各分系列教材进行整体和局部的特色设计；智能，即在教材研发模式上，依托多媒体数字化平台，以更智能、更灵活的方式服务于课堂内外的教学工作。

四、编写原则

为实现上述编写理念，本系列教材在编写过程中遵循如下原则：

标准依据　以《国际中文教育中文水平等级标准》为基石，将其核心理念融入教材编写的每个环节。针对各类教材特性，研制与之匹配的教学大纲，确保每部教材独具匠心，同时又能与其他教材形成互补，共同构建完整的教材体系。

结构模式　秉持“结构—功能—文化”三者融合的理念，将语言的结构规则、交际功能以及文化知识结合起来，形成一个全面、系统的教学体系，从而实现语言知识、语言技能与文化认知的协同发展。

话题设计　精选多元话题，从校园生活点滴到当前社会热点，从中华传统文化的深度介绍到现代中国的多维展示。话题设计兼具开放性与包容性，注重跨文化交际的深度解析，旨在增进学习者对中国社会的全面理解，推动不同文明间的交流与互鉴。

语言知识　遵循中文教学与学习者认知规律，系统呈现中文基本词汇、语法与汉字知识，多角度展示中文口语与书面语的差异，强调语言要素的语用功能，突出语段与语篇的教学，以此助力学习者掌握并灵活运用中文。

技能训练　涵盖听、说、读、写、译五大分项技能，五大技能既各自独立，又相互关联，形成一个完整的技能体系。各分项技能在初级、中级、高级教学阶段逐层递进，实现多层级覆盖，从而精准满足不同层次学习者的实际需求。

专业培养　中文技能培养贯穿本科教学始终，中高级阶段渐进式强化专业技能与专业知识，专业特色鲜明的教材资源帮助学习者实现从单一中文能力向“语言 + 专业”综合素养的跃升，彰显复合型、多元化的人才培养理念。

五、教学资源

教学资源是确保教材高效利用的关键支撑。为助力教学工作顺利进行，本系列教材配备教师用书、精选教案及教学示范视频等丰富的资源，依托多媒体数字化平台，以智能化、多样化的方式全面服务于课堂内外的教学实践。

六、分工与致谢

本系列教材的编写团队由北京语言大学国际中文学院（原汉语学院）的中青年骨干教师组成。在编写过程中，我们得到了众多支持和指导，对此深表感激！同时，我们也热切期待各位专家、学者、老师及同学能够不吝赐教，提出宝贵的意见和建议，以使本系列教材日臻完善。

张浩

2024 年 6 月 26 日

编写说明

适用对象

本教材是汉语言、汉语国际教育等专业本科二年级综合课使用的教材，适用于学过本系列教材《初级中文综合教程》4册或与此程度相当的课本，已掌握基础中文语法，词汇量在3000左右，能够就较复杂的日常生活、学习、工作等话题进行基本完整、连贯、有效的社会交际的中文学习者。已达到初级水平并计划学习中级中文的来华进修生，以及具有同等需求的海外中文学习者也可选用本教材。

编写原则

（一）语言技能训练与批判性思维能力培养相结合

本教材贯彻“语言技能训练 + 批判性思维能力培养”作为基础能力培养的专业发展理念。在全球化与文化多元化交织发展的时代，只有将跨文化视野和深度思辨融入语言学习之中，才能使语言学习者真正获得高阶的语言应用能力。为此，本教材在加强听、说、读、写、译各项技能训练的基础上，设置“课文理解与表达训练”板块，通过一系列层次分明、形式多样的练习活动，将语言技能训练与批判性思维能力培养结合起来。比如：借助图示、表格等直观化工具，引导学习者进行条理化思考，提升其在信息筛选、内涵理解、意义澄清、要点归纳、观点分析、论据构建、结论阐述及方法说明等方面的综合能力；通过仿写、续写、改编等创造性写作练习，激发学习者进行多元化思维与发散性想象；依托多样化的话题素材、模拟情境及挑战性任务，培育学习者好奇、自信、灵活、公正、诚实、严谨、好学的情感特质。

（二）实用性与趣味性相结合

本教材在课文话题的选择及练习环节的设置上充分做到了实用性与趣味性相结合。

在课文话题的选择上，首先力求贴近现实生活。熬夜上瘾、信息茧房、移动支付、隐私保护等等，这些话题与学习者的日常生活、学习与工作息息相关，容易引起他们的共鸣，能够有效激发他们的参与热情，促使他们在“有话想说→有话可说→话说得好”的良性循环中稳步提升语言表达能力。其次，在语言学习之外，所选择的话题内容也力求在认知、行为等层面给予学习者潜移默化的正向引导，比如倡导礼貌得体的社交礼仪、推广科学高效的时间管理策略、树立终身学习的人生理念等。

在练习环节的设置上，本教材依据多样化与层次化原则，针对不同的学习内容与语言技能提升点设置了不同类型的练习。既有夯实基础的封闭性练习，如选词填空、连词成句、改写句子等；也有结合上下文情境的半封闭性进阶练习，如用指定词语或结构完成句子或对话、看图说话等；还有围绕特定话题展开的开放性表达训练，如调查研究、采访实践、小组讨论、辩论及成果汇报等。此外，教材中还融入了诸如游戏互动、手工制作、模拟面试、视频录制等趣味性活动，旨在通过寓教于乐的方式，进一步激发学习者的学习兴趣与创造力。

（三）衔接性与系统性相结合

作为系列教材承上启下的关键一环，本教材旨在搭建初级与高级之间的桥梁。因此，在力求突出中级阶段教学重难点的同时，本教材也有意识地增强了与前后两个学习阶段的衔接性，以保证整个中文学习过程的系统性。主要体现在如下几个层面：

词汇层面。在生词量的把控上，《中级中文综合教程 1》每课生词控制在 50—60 个，这一数量保证了与初级教材的顺畅衔接；随着学习的深入推进，《中级中文综合教程 2》每课的生词量适度增加。在词汇等级上，《中级中文综合教程 1》以《国际中文教育中文水平等级标准》（下文简称《等级标准》）中规定的五、六级词为主，《中级中文综合教程 2》以六级、高等词为主，为学习者向高级阶段过渡提供了必要的词汇储备。另外，考虑到人类记忆的遗忘规律，教材在编写时尤其重视重点词在后续课文、例句、练习等环节中的适时复现。受课文话题所限，未能进入词语表的中等词汇在保证运用自然、理解顺畅的前提下，也被尽力编入例句、练习之中。

语法层面。语言点的选取涵盖了《等级标准》中五、六级所涉及的词类、短语、固定格式、句子成分、句子的类型、强调的方法和句群。此外，对部分列入初等的语言点做进一步讲解与操练，以强化学习者的基础掌握与运用能力；对少数被划入高等的语言点做简要介绍，为学习者搭建起宏观的认知框架，便于他们在未来深入学习时能够迅速衔接与拓展。

文体层面。综合考量《等级标准》对话题任务内容及听、说、读、写、译五项技能的要求，《中级中文综合教程 1》的课文以叙述性语言材料为主，通过故事叙述与情景描绘，进一步培养学习者的语言感知能力与语言表达能力；《中级中文综合教程 2》的课文则逐步过渡到说明性、议论性文体。这样安排便于学习者顺利完成从初级叙事性短文向高级专业性、学术性文章的过渡，同时也可以促使其批判性思维能力及专业领域内语言运用能力的稳步提升。

（四）传统文化与现代文明、中国视角与世界情怀相结合

本教材在课文话题上基本涵盖了《等级标准》中五、六级的话题任务内容，而且兼顾了传统与现代元素，不仅呈现了中国人独特的生活方式与丰富的传统文化，也着重展示了现当代中国人日常生活方式与价值观念的变迁。通过学习与讨论，学习者可以加深对中国及中国文化的理解与认知。

部分课文虽立足于中国视角，但探讨的却是跨越国界的全球性议题。比如：第 4 课《母女之间》讲述了三代中国女性在家庭观念与价值观上的变化，这一变化是对全球女性社会地位提升及思想意识觉醒的普遍反映；第 17 课《抱团儿养老》聚焦中国近年来兴起的几种“抱团儿养老”模式，这些模式是中国人在老龄化社会背景下对养老方式多样性与适应性的积极探索和有益尝试。

教材体例

本教材分为 2 册，每册 12 课，共 24 课。每课由本课学习重点、热身、课文、词语表、重点词、语言点、课文理解与表达训练、扩展阅读与练习、语言文化小常识等板块组成。下面对每一板块进行具体说明。

◎ 本课学习重点

以表格形式直观呈现本课的话题、重点词、语言点及表达训练的主题，便于学习者预习时提前了解本课的大致内容以及语言学习的重点，复习时快速回顾上述内容。

◎ 热身

热身是开展课文话题讨论的准备活动，主要借助图片、古诗、歌曲、电影以及问题等方式将学习者引入课文话题。

◎ 课文

课文大都选自近年出版的报纸、杂志、书籍等，部分为名家名篇。在尊重原文的基础上，编者根据教学需要进行了改写。课文话题主要涉及人际交往、生活趣事、学习与工作、时代变化、人与自然、健康与生活、心理与生活、科技与生活、游戏与生活、中国文化、文化差异、社会现象等多个方面。对课文中出现的一些俗语、惯用语、网络用语、历史人物、社会背景等，编者通过脚注的方式进行了简单的解释。

◎ 词语表

生词以《等级标准》中规定的五、六级词为主。受课文内容的制约，不排除超纲词。词语表中标注了生词的拼音、词性、英文翻译。离合词在拼音中标注“//”，词性按《现代汉语词典》（第 7 版）标注。

◎ 重点词

每课从词语表中选出 4—7 个重点词（一般为常用实词）进行单独讲解，每个重点词都列出常用搭配（比如是动词就给出动宾、状中、动补等结构搭配）和 4 个典型例句。有不同词性的重点词，根据词性分别给出常用搭配和例句；有不同语义的重点词，根据语义之间的紧密度，选取易于和本课语义建立联想的、理据充分的给出常用搭配和例句。重点词之后设置“选词填空”练习，便于及时检测学习者对重点词的掌握情况。

◎ 语言点

每课根据《等级标准》选取语言点（一般为虚词、固定格式、句子成分及句子的类型等）进行重点讲解，每课 2—7 个语言点。每个语言点至少给出 4 个例句，个别能细分出多个用法的语言点，每个用法下再单列例句。所给例句皆为典型语境中的典型用法。每个语言点之后设置练习，练习形式依据该语言点的使用特征而定。比如，常见于口语表达的尽量采用对话的练习形式，多用于书面表达的会在上下文设计上做到语体的协调一致。

◎ 课文理解与表达训练

中级阶段的教学目标之一是提高学习者的成段表达能力。围绕这一目标，本教材在“课文理解与表达训练”板块细分出三个具有可操作性的环节，力求通过环环相扣的进阶式操练，为学习者搭建起成段表达的“脚手架”。第一个环节是根据课文内容回答问题 / 判断对错 / 完成表格，侧重于对课文内容的基本理解；第二个环节是借助关键词、图表、填空题等形式对课文内容进行复述，侧重于对语言技能与思辨能力的训练；第三个环节是“动口与动手”，要求学习者以个人或小组为单位完成与课文话题密切相关的任务，侧重于对实际语言运用能力、创新思维能力、团队协作能力、跨文化交流能力的培养。

◎ 扩展阅读与练习

选择与本课内容紧密相关的短文作为扩展阅读的篇目。从话题上看，它是主课文的自然延伸，有助于引导学习者进入更广阔的领域，引发其更深入的思考；从语言形式上看，话题相关联必然带来核心词语的共现，这就让学习者有机会在另一种文本情境中学习、巩固这些词语的用法，以此加深对词语的理解，达到更为灵活的运用。每篇短文之后也相应地配有多种形式的练习，以便及时检测学习者对短文的理解情况。

◎ 语言文化小常识

根据课文内容选取一个语言文化知识点进行简要介绍，一方面可以帮助学习者更好地理解课文中涉及的语言现象和文化内涵，另一方面也可以丰富他们的知识储备，提高其文化素养，为日后的学习与交流奠定基础。

使用建议

本教材供汉语言、汉语国际教育等专业本科生或学习中文的长期进修生一个学年使用，第一学期学习《中级中文综合教程 1》，第二学期学习《中级中文综合教程 2》。《中级中文综合教程 1》建议 6—7 课时（每课时 45 分钟）完成一课，《中级中文综合教程 2》建议 7—8 课时完成一课。

强星娜

2024 年 9 月 29 日

语法术语缩略形式一览表

缩略形式	英文名称	中文名称
代	Pronoun	代词
动	Verb	动词
副	Adverb	副词
后缀	Suffix	后缀
介	Preposition	介词
连	Conjunction	连词
量	Measure Word	量词
名	Noun	名词
拟声	Onomatopoeia	拟声词
前缀	Prefix	前缀
数	Numeral	数词
数量	Quantifier	数量词
叹	Interjection	叹词
形	Adjective	形容词
助	Particle	助词
助动	Modal Verb	助动词

目　录

13 功夫熊猫

本课学习重点

话　　题：中国文化·动物
重 点 词：扑　咬　踩　恶劣　困扰
语 言 点：毕竟　连 A 带 B　别看　如此　稍微　偶尔
表达训练：描述一种动物

热　身

1. 你认识下面这些中国国家一级保护动物吗？试着将它们“对号入座”吧。

A. 野牦（máo）牛　　B. 朱鹮（huán）　　C. 金丝猴
D. 大熊猫　　E. 藏羚（líng）羊　　F. 中华鲟（xún）

2. 描述一下大熊猫的外貌特征。你知道大熊猫有哪些生活习性吗？请说一说。

课 文

13-01

功夫熊猫

大熊猫是熊，不是猫。它们虽然长得非常“卡哇伊”[①]，但毕竟是熊的亲戚，不仅身体强壮，而且还有一身好功夫。下面，咱们就一起来看看大熊猫的“七大绝技”。

绝技一：如来神掌[②]

今年夏天，武汉动物园发生了令游客目瞪口呆的一幕：一只孔雀闯入大熊猫的地盘，平时憨态可掬的大熊猫突然扑过去，几巴掌就把孔雀拍晕了，接着连咬带撕，孔雀很快就不行了。其实，大熊猫的主要食物虽然是竹子，但那是进化过程中为了适应环境变化而改变的食谱，它们身上依旧流着肉食动物的血。

绝技二：轻功[③]

成年大熊猫体长超过 1.5 米，体重超过 100 公斤。在人工饲养的条件下，大熊猫能长得更大、更强壮。但是，别看大熊猫肉大身沉，它们却有一身轻功，登高爬低不在话下。尤其爬树，是大熊猫从小必修的“童子功”[④]。大熊猫妈妈出去觅食时，经常让大熊猫宝宝待在树上，这样可以避免来自地面的危险。

绝技三：水上漂[⑤]

大部分人都不会想到，胖乎乎的大熊猫还是游泳高手。过小溪时，大熊猫会小心地踩着河底的石头，慢悠悠地通过；遇到大河，下水游泳它们也轻车熟

① 卡哇伊：日语“かわいい”的音译词，意思是“可爱”。

② 如来神掌：20 世纪 60 年代香港武侠电影中一招虚构的武功招式。

③ 轻功：中国武术功法中的一类。

④ 童子功：一般指少林童子功，是一种高难度的少林拳术，必须从幼儿开始练习；也可泛指各种从小就开始练习的功夫。

⑤ 水上漂：传说中的一种轻功，可不借助任何工具在水面上奔跑。

路。在四川，就曾经有人看到大熊猫横渡大渡河和岷江。看来，不管大河还是小溪，都无法挡住大熊猫前进的脚步。

绝技四：狮子吼

刚出生的大熊猫小得可怜，就像一只粉红色的老鼠，体重只不过一两百克。母子身材相差如此之大，怎样才能保证小宝宝不会被妈妈挤压到呢？大熊猫宝宝有一个绝技——狮子吼。只要稍微被挤压到一点儿，它们就会发出与身材极不协调的大叫，提醒妈妈注意。一位照顾过大熊猫的饲养员说："真不知道小小的大熊猫宝宝怎么能发出如此大的声音！"

绝技五：印度瑜伽

大熊猫不但擅长中国功夫，还会印度瑜伽。大熊猫的身体柔韧性一点儿也不比奥运会体操冠军差，杂技表演中那些高难度的动作对大熊猫来说都是小菜一碟。它们可以用脑袋贴住屁股，把身体团成一个球从山上滚下去，这可比走路快多了。

绝技六：飘雪穿云①

野生大熊猫的生存能力往往出人意料。科学家曾在超过4000米的高海拔山区发现过大熊猫的活动痕迹，大熊猫到环境这么恶劣的地方干什么，目前还没有人知道。研究者发现，大熊猫在雪地上依然吃得饱，睡得香，厚厚的皮毛保护着身体，完全不受严寒的困扰。

绝技七："无用"且"无为"②

秦岭的一些村民说，即使在过去，猎人们也很少捕捉大熊猫。因为大熊猫皮毛粗糙，肉也不好吃。另外，大熊猫不会破坏庄稼，除了偶尔跑进农家舔舔铁锅，补充一些矿物质，一般不会给村民带来困扰。"无用"且不搞破坏，这是动物与人和谐相处的最高智慧。

（选自《博物》2011年第8期，作者吕增，有删改）

① 飘雪穿云：传说中的一种轻功。

② 无为：取自《道德经》中的"无为而治"，是道家的哲学思想，指凡事顺其自然，不加以不必要的干预。

词语表

13-02

生词	拼音	词性	翻译
1. 大熊猫	dàxióngmāo	名	panda
2. 熊	xióng	名	bear
3. 毕竟	bìjìng	副	after all
4. 强壮	qiángzhuàng	形	strong, sturdy
5. 一身	yìshēn	名	whole body
6. 绝技	juéjì	名	unique skill
7. 目瞪口呆	mùdèng-kǒudāi		be struck dumb (with astonishment)
8. 幕	mù	量	(of a play) act
9. 孔雀	kǒngquè	名	peacock
10. 闯	chuǎng	动	obtrude, force one's way
11. 地盘	dìpán	名	domain, territory
12. 憨态可掬	hāntài-kějū		charmingly naive
13. 扑	pū	动	pounce on, throw oneself on
14. 巴掌	bāzhang	名	palm
15. 晕	yūn	动 形	be knocked off; faint, dizzy
16. 咬	yǎo	动	bite
17. 竹子	zhúzi	名	bamboo
18. 进化	jìnhuà	动	evolve
19. 食谱	shípǔ	名	recipe
20. 肉食	ròushí	形	carnivorous
21. 成年	chéngnián	动	grow up
22. 饲养	sìyǎng	动	raise, breed
23. 别看	biékàn	连	in spite of
24. 必修	bìxiū	形	obligatory
25. 觅食	mì//shí	动	forage

26. 待	dāi	动	stay
27. 胖乎乎	pànghūhū	形	plump, chubby
28. 高手	gāoshǒu	名	master
29. 小溪	xiǎoxī	名	stream, brook
30. 踩	cǎi	动	stamp, tread
31. 慢悠悠	mànyōuyōu	形	unhurriedly
32. 下水	xià//shuǐ	动	enter the water
33. 轻车熟路	qīngchē-shúlù		adroitly
34. 横渡	héngdù	动	cross
35. 挡	dǎng	动	resist, stop
36. 吼	hǒu	动	roar
37. 老鼠	lǎoshǔ	名	mouse
38. 母子	mǔzǐ	名	mother and child
39. 相差	xiāngchà	动	differ
40. 如此	rúcǐ	代	so, such
41. 挤压	jǐyā	动	squeeze, crush
42. 稍微	shāowēi	副	a little, a bit
43. 瑜伽	yújiā	名	yoga
44. 柔韧	róurèn	形	pliable, withy
45. 体操	tǐcāo	名	gymnastics
46. 冠军	guànjūn	名	champion
47. 杂技	zájì	名	acrobatics
48. 小菜一碟	xiǎocài-yìdié		a piece of cake
49. 屁股	pìgu	名	hip, buttocks
50. 团	tuán	动	roll (oneself or something else) into a ball
51. 滚	gǔn	动	roll
52. 野生	yěshēng	形	wild, uncultivated

53. 出人意料	chūrényìliào		unexpectedly
54. 海拔	hǎibá	名	altitude
55. 山区	shānqū	名	mountains
56. 痕迹	hénjì	名	mark, trail
57. 恶劣	èliè	形	adverse, severe
58. 皮毛	pímáo	名	fur, pelage
59. 严寒	yánhán	形	frigid, icy
60. 困扰	kùnrǎo	动	perplex, bewilder, baffle
61. 猎人	lièrén	名	hunter, huntsman
62. 捕捉	bǔzhuō	动	catch, seize
63. 粗糙	cūcāo	形	coarse, rough
64. 庄稼	zhuāngjia	名	crops
65. 偶尔	ǒu'ěr	副	once in a while, occasionally
66. 舔	tiǎn	动	lick
67. 锅	guō	名	pot
68. 矿物质	kuàngwùzhì	名	mineral

专有名词

1. 武汉	Wǔhàn	Wuhan (capital of Hubei Province)
2. 大渡河	Dàdù Hé	Dadu River (in Sichuan Province)
3. 岷江	Mín Jiāng	Minjiang River (in Sichuan Province)
4. 印度	Yìndù	India
5. 奥运会	Àoyùnhuì	the Olympic Games
6. 秦岭	Qín Lǐng	Qinling Mountains

重点词

1. 扑

（春风）扑面　（花香）扑鼻　扑蝴蝶
向前扑　直接扑（了过来）　迅速地扑（过去）
扑到（地上）　扑倒　扑上去

（1）走出宿舍楼的大门，寒气扑面，我忍不住打了一个喷嚏。
（2）女儿一下子扑进妈妈怀里哭了起来。
（3）一阵浓烟带着热气，迎面向人们扑过来。
（4）老虎突然跳起来，把山羊扑倒在地。

2. 咬

咬嘴唇　咬手指　咬人
乱咬　狠狠地咬　大口地咬
咬掉　咬住　咬下来　咬不动

（1）因为小时候被狗咬过，长大后每次看见狗她都感到害怕。
（2）弟弟一生气就乱咬人，把我胳膊都咬出血了。
（3）她饿得不得了，随手拿起一个面包就咬了一大口。
（4）孩子用力咬紧牙齿，拒绝吃药。

3. 踩

踩刹车　踩水　踩影子
使劲踩　轻轻（地）踩　随便踩
踩了一脚　踩到　踩上去　踩坏了

（1）开车要注意安全，不能着急，一定要轻轻地踩油门。
（2）沙子很细，踩在上面软软的，就像踩在棉花上。
（3）车里很挤，我不小心把前边那个人的鞋踩掉了。
（4）她踩着一双 7 厘米高的高跟鞋逛了一下午。

4. 恶劣

恶劣的天气	恶劣的影响	恶劣的态度
气候恶劣	环境恶劣	条件恶劣
恶劣极了	恶劣得不得了	恶劣得超出你的想象

（1）无论面对多么恶劣的环境，我们都要尽量保持积极、乐观的心态。
（2）万万没想到，这种植物在如此恶劣的自然条件下居然可以生存下来。
（3）高强度的劳动往往是服务态度恶劣的重要原因。
（4）当地的气候比我们这里恶劣得多，大家要做好思想准备。

5. 困扰

困扰着我	困扰人类	困扰公司
严重困扰	长期困扰	广泛困扰
困扰多年	困扰了很久	困扰得他无法入睡
被……困扰着	受到……困扰	
带来困扰	增加困扰	造成困扰
心理困扰	精神困扰	情绪困扰

（1）失眠问题严重困扰着我的生活。
（2）资金缺乏是长期困扰公司的一个难题。
（3）很多奥运冠军常年被伤痛困扰着。
（4）我没有把这个消息告诉大家，是不希望给大家增加困扰。

练一练：选词填空

扑	咬	踩	恶劣	困扰

（1）最近，持续的牙疼一直（　　）着我，弄得我吃不好也睡不好。
（2）这起踩踏事件造成的社会影响极其（　　）。
（3）他的眼睛昨天晚上被蚊子（　　）了，现在又红又肿。
（4）那只狗如同疯了似的朝我（　　）过来，吓得我拔腿就跑。
（5）我不小心把妹妹的玩具（　　）坏了。

（6）随着经济的发展，人们的生活水平逐步提高，饲养宠物的人也越来越多，但宠物有时也会给他人的生活造成（　　）甚至伤害。家住××小区的王女士向记者讲述了她上周日的经历。

那天，王女士像往常一样在小区里散步，突然不知从哪里冲出一只狗，猛地朝她（　　）过来，狠狠地在她小腿上（　　）了一口。王女士疼得尖叫起来。路过的行人看见这一幕赶紧上前帮忙，试图将狗赶走。然而在混乱中，一位行人不小心（　　）到了拖在地上的狗绳，一下子失去平衡，摔倒在地。不幸的是，他的头部因此受了伤。

事发后，在警察的帮助下，王女士找到了这只狗的主人。万万没想到的是，狗主人不但拒绝支付王女士和受伤行人的医药费，态度还相当（　　）。最后，他被警察带走了。

语言点

1. 毕竟

副词。“毕竟”所在的小句主要强调基本事实或原因，可以出现在结果小句的前面或后面。例如：

（1）你毕竟不是孩子了，应该懂得珍惜时间。

（2）毕竟已经过去30年了，还有谁记得那件事呢？

（3）你当然得尊敬他，毕竟他是你的父亲。

（4）虽然不是故意的，可他毕竟犯了错，应该受到批评。

练一练：用“毕竟”完成下列句子或对话

（1）______________________________，他对周围的一切还是很熟悉的。

（2）______________________________，怎么可能完全了解她的想法呢？

（3）A：他是研究生毕业，专业能力强，肯定不需要咱们帮忙。

B：虽然他学历很高，但________________，我们还是应该多帮帮他。

（4）A：就买这件吧，你穿上真是太漂亮了！

B：漂亮是漂亮，可是__________________________，我还是不买了。

2. 连 A 带 B

固定短语。这个短语可以表达两种意思：

（一）表示两个动作紧接着或同时发生，意思相当于"又 A 又 B"。常见的有：连蹦带跳、连说带笑、连滚带爬、连说带比画、连唱带跳、连吵带闹、连吃带喝。例如：

（1）孩子们连蹦带跳地跑了进来。

（2）你不应该为了这点儿小事就连吵带闹的。

（3）看到警察，那个小偷儿连滚带爬地逃走了。

（二）表示前后两项都包括在内，相当于"A 和 B"。常见的有：连人带车、连汤带菜、连大带小、连老带少、连来带去。例如：

（4）雪天路滑，他连人带车全摔倒了。

（5）她不小心把锅碰掉了，连汤带菜地洒了一地。

（6）兔妈妈又生了几只兔宝宝，现在连大带小已经十来只了。

练一练：选词填空

连唱带跳　连菜带肉　连老带少　连来带去　连说带比画　连说带笑

（1）这次出差________一共需要半个多月，我得提前准备一下。

（2）这部电影太搞笑了，看完后，我和朋友们________地走出了电影院。

（3）昨天跟朋友去唱卡拉OK，________地过了一个晚上，今天觉得好累呀！

（4）第一次跟中国人聊天儿，我________，对方总算明白了我的意思。

（5）我特别喜欢吃火锅，尤其是在冬天，________，吃起来热乎乎的。

（6）这次流感我们家________全都病倒了。

3. 别看

连词。表示让步关系，先提出一种已知的事实情况，紧接着的后一分句说出相反或出人意料的新情况，后一分句中常有"可、但是、却"等跟"别看"照应；多用于口语表达。例如：

（1）别看奶奶年龄大了，可脑子清楚着呢。

（2）别看他没说话，其实心里早已有了详细的计划。

（3）别看他刚刚进入职场，但是处理起事情来非常成熟。

（4）别看她平时对大家不那么热情，关键时刻她却总能提供很多支持。

练一练：用“别看”完成下列句子

（1）________________，但是知道的事情并不少。
（2）________________，汉语水平却很高。
（3）________________，实际上他很搞笑。
（4）________________，其实其他的东西都很便宜。

4. 如此

代词。主要有两种用法：

（一）放在形容词或表示心理活动的动词之前，表示强调和肯定，后面往往可以加助词“地、之”，相当于“这样、这么”。例如：

（1）没有想到，对于我的求婚，她居然如此犹豫。
（2）还说要帮我呢，我只不过问了几个问题，你就如此地不耐烦。
（3）家乡的发展如此之快，我简直不敢相信自己的眼睛。
（4）我如此信任你，你就是这样回报我的吗？

（二）用在少数动词、副词、连词后边，指代上文提到的某种情况。例如：

（5）A：他还会记得我们吧？
　　B：希望如此。
（6）他临睡前要喝一杯牛奶，从小到大一向如此。
（7）A：乘坐电梯时发生意外事故怎么办？
　　B：一旦如此，请立即按下紧急呼叫按钮。
（8）公司去年损失了不少订单，即使如此，也是这个行业的龙头老大。

练一练：用“如此”完成下列句子或对话

（1）________________，观众们忍不住哈哈大笑。
（2）他每天早上五点就起来运动，________________。
（3）A：上半场比赛，运动员们已经消耗了大量体力。
　　B：________________，我相信他们也会努力拼下去。
（4）A：新来的老师对学生特别有耐心。
　　B：是啊，________________，他还特别擅长启发学生。

5. 稍微

副词。表示数量不多或程度不深。修饰动词时，动词常用重叠形式或后加“一点儿、一些、一下、一会儿”等；修饰形容词时，形容词前常有“有点儿、有些”等修饰成分，或者后面有“一点儿、一些”等。例如：

（1）换工作虽然不是什么大事，但我还是希望你能稍微考虑考虑。

（2）假如感到不舒服，您可以稍微休息一下。

（3）这篇文章稍微有些长，如果能改得短一些就更好了。

（4）在我看来，认识半年就结婚似乎稍微快了一点儿。

在书面表达中，“稍微”也可以换作“稍”。跟“稍微”不同的是，“稍”修饰动词或形容词时，其后可以不带“一点儿、一下”等数量短语。例如：

（5）经理正在开会，请稍等。

（6）跟市区的房价相比，郊区房价稍低。

练一练：用“稍微”或“稍”完成下列句子或对话

（1）这个问题__________________，他一下子不知道该怎么回答。

（2）他很聪明，__________________________，他就能明白。

（3）A：你觉得这个汤味道怎么样？

B：____________________________，再放点儿盐吧。

（4）A：服务员，__________________，能不能帮我换个大一点儿的？

B：好的，___________________________________。

6. 偶尔

副词。表示某个动作、行为或事情发生的次数少且没有规律，或者某种状况较为少见；跟“经常”相对。例如：

（1）他擅长画中国画，偶尔也画几幅油画。

（2）我和她是多年的朋友，即使偶尔闹些小矛盾，也很快就和好了。

（3）尽管我的微信通讯录里有一两百个好友，但大多数只是偶尔联系一下。

（4）深夜的树林，偶尔能听到一两声鸟叫。

练一练：用“偶尔”完成下列句子或对话

（1）北京的冬天比较干燥，______________________________。

（2）A：你常去电影院看电影吗？

B：现在网上电影资源那么丰富，______________________。

（3）A：你经常熬夜吗？

B：______________________________________。

（4）A：假期你一般做什么？

B：我或是回家看父母，或是打工挣学费，________________。

课文理解与表达训练

1. 请从课文中找出描写大熊猫外貌特征、生活习性或行为特征的词语或句子，完成下面的表格。

外貌特征	生活习性或行为特征

2. 根据上面的表格，将下面这段话补充完整，并试着说一说。

大熊猫看起来________，但它其实流着________的血，只是为了适应环境变化才改变了自己的食谱，现在主要________。成年大熊猫________，但大熊猫宝宝________。为了避免被妈妈挤压，大熊猫宝宝________。别看大熊猫________，但却是________和________的高手，无论上树还是下水，对它来说都是________；而且，它的身体柔韧性很好，可以把________团成________。因为有一身________，所以大熊猫不怕严寒，可以在________生存。

3. 动口与动手。

选择一种你喜欢 / 讨厌的动物，或者你的国家 / 地区特有的动物进行介绍，内容主要包括：它的外貌特征、生活习性、行为特征。也可以采用猜谜的方式，即首先对这种动物进行描述，请同学们猜一猜你介绍的是哪种动物；再展示关于这种动物的图片或视频，请同学们评价一下你描述得怎么样。

下面的表达框架和提示可以帮助你整理思路：

你选择介绍这种动物的原因（喜欢 / 讨厌 / 国宝 / 珍稀动物……）
它的外貌特征（身材、颜色、皮毛、五官、四肢……）
它的生活习性（食谱、生存环境……）
它的行为特征（动作、行为……）
它与人类的关系（和谐、威胁……）

下面的词语可以帮助你表达：

成年　幼崽　体长　体重　雌性　雄性　繁殖　交配　胎　群居
哺乳动物　夜行动物
皮毛　翅膀　羽毛　脑袋　屁股　尾巴　爪子　巴掌　一身　四肢
品种　视力　嗅觉　保护色
强壮　瘦小　凶猛　胖乎乎　毛茸茸　粗糙　光滑　细腻　憨态可掬
慢悠悠　柔韧　敏捷　锋利　胆小　飞快
食谱　肉食动物　草食动物　杂食动物　觅食　食量　猎物
饲养　宠物　野生　山区　草原　盆地　森林　热带雨林　沙漠　大河
小溪　海拔　严寒　恶劣　地盘　进化
闯　扑　撕　咬　吼　团　滚　舔　捉　踩　爬　抖　游泳　扑扇
猎人　捕捉　和谐　威胁　保护　忠诚　陪伴

扩展阅读与练习

极地生灵

“在地球上存在着一些独一无二的地区，它们仍然保持着原始的状态，青藏高原就是这样的一片土地。作为一个完好无损的高山草原区域，青藏高原是我们研究这种环境和生活在其中的动物的最后机会。”这是世界著名野外生物学家，已经80多岁高龄的乔治·夏勒博士对青藏高原的评价。

目前，世界上能够看到大群野生动物，尤其是多种大型野生哺乳动物在同一区域活动的地方已经屈指可数了，青藏高原就是其中之一。这里能看到数量庞大的大型哺乳动物相互依存，共荣共生。藏羚羊会为了生存而进行有规律的大范围迁徙，而棕熊、狼等食肉动物也会尾随或者在路上伏击。更难能可贵的是，这里可以看到它们与当地人和睦共处、近距离接触的场景。

青藏高原是地球上生物最为多样的地区之一，以其独特的原生物种、生态过程和进化现象成为保护生物多样性最重要的区域。这里拥有亚洲保存最好的高山草地以及相对完好的脊椎动物区系，而且还是世界上现存的最大的陆地野生动物区域，拥有大量的珍稀野生哺乳动物，如野牦牛、藏野驴、盘羊、白唇鹿、雪豹等。

这一切都被广袤的高原、漫长的寒冷和短暂的温暖掩盖了，以至于没有专业知识和专业训练的人难以发现这片外表枯燥乏味的高原那丰富多彩的内在美。这里是一座依然鲜活的、无与伦比的野生动物标本库，是那些神奇野生动物的栖息地，它们在这里生存的时间甚至比人类都要长。棕熊、狼和雪豹是青藏高原上主要的大型肉食性动物，其中雪豹以华丽的外表和神出鬼没的特点正在被越来越多的人熟知。时至今日，人们仍无法准确获知它们到底分布在哪里，数量有多少。任何一种野生动物的长期存在，其实都有赖于一个完整而平衡的生态系统的存在。由此可以断定，一片有藏羚羊、野牦牛、藏野驴、狼和雪豹同时出没的土地是一片生态系统完好无缺的净土。因为它们的存在表明，有一个运转正常的由微生物、植物、昆虫、鸟类、食草类动物等众多物种构成的食物链扎根于此。雪豹只是这一生态系统中的一环，占据着这个金字塔形食物链的顶端。

有一点我们必须注意，青藏高原野生动物的存在并不是因为没有人类。恰恰相反，这里一直都有人类存在，而且人类一直是这个动物世界中的一个物种。数千年来，当地的游牧部落一直与这里的动物共生共存。这在不经意间也收获了一个伟大的经验：人类可以也应该与其他的野生物种共存。

哈希·扎西多杰在开展自然保护工作的时候曾经到当地的小学做过一个问卷调查，主题是小学生对自己生活的家园的认识。其中有一个问题是：在你的周围，都有什么生命与你一起生活？孩子们说出了自己认识的各种动物和植物，令人意想不到的是，他们把空气、阳光、河流、石头、土地、云彩、雨、雪、冰川、烟、寺庙也视作生命。由此我深深地感悟到，这里的人们把自己平等地视作自然的一部分。正是这种观念，让他们与这片高原水乳交融，数千年来和谐自然地共存共荣。

（选自《中国国家地理·三江源国家公园特辑》，有删改）

根据短文内容判断下列句子的对错，错的请说明原因。

（1）青藏高原现在还是原始的状态。（　　）

（2）只有在青藏高原才能看到数量庞大的大型哺乳动物在同一区域活动。（　　）

（3）青藏高原拥有世界上保存最好的高山草地，也是世界上现存最大的陆地野生动物区域。（　　）

（4）雪豹外表华丽，在青藏高原经常可以看到它们的踪迹。（　　）

（5）青藏高原上的野生动物与人类和谐共处。（　　）

（6）生活在青藏高原的孩子认为各种动物、植物、空气、土地、小河、寺庙都有生命。（　　）

语言文化小常识

中国功夫

功夫（kung fu），也称“中国功夫”或“中国传统武术”。中国功夫不仅是一种体育运动和自卫技能，还融合了哲学、医学与美学的深厚文化传统。中国功夫种类繁多，流派各异，从刚猛有力的少林拳到柔中带刚、动静结合的太极拳，从模仿动物灵动姿态的象形拳（如蛇拳、猴拳）到注重实战技巧的咏春拳、截拳道，每一种功夫都蕴含着独特的哲学思想和训练方法。通过练习拳法、腿法、身法以及兵器的使用，中国功夫不但能强身健体，还能培养练习者坚韧（rèn）不拔的意志力和高度的专注力。因此，中国功夫不仅是一种武术技艺，还是一种修身养性的方式。

以中国功夫为主题的中外影视作品风靡（mǐ）全球，既让观众领略到了中国功夫的魅力，也激发了他们对中华文化的浓厚兴趣。同时，少林、太极、咏春等经典流派在全球范围内广泛传播，赢得了世界各地人民的喜爱，成为连接不同文化、促进国际交流与理解的桥梁。

14 现金的存在与消失

本课学习重点

话　　题： 时代变化·事物变化

重 点 词： 攒　塞　掏　惊人　反思　消除

语 言 点： 由　之类　以便　偶然　不禁　不时

表达训练： 发表对新事物的个人看法

热　身

1. 你认识和了解下面这些货币形式吗？试着将它们“对号入座”吧。

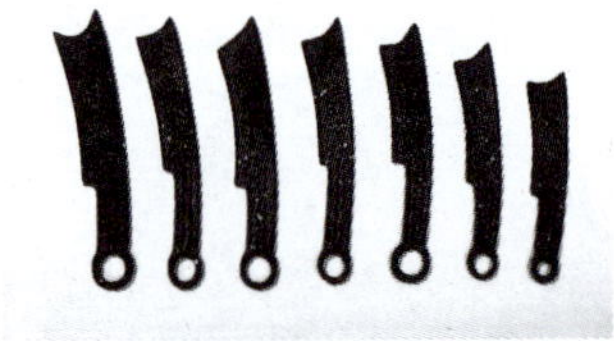

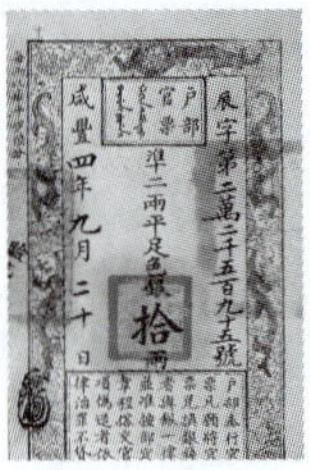

A. 刀币　B. 银票　C. 贝币　D. 元宝　E. 人民币（纸币）　F. 圆形方孔币

2. 请介绍一下你的国家或地区使用的货币形式以及它们的面值。

课 文

14-01

现金的存在与消失

还在上中学的时候，每到周末的家庭聚会，奶奶都会给我现金，让我去楼下的超市买饮料，找的零钱她也不再要回，我就放在自己的钱包里。那时候还是学生，吃穿由爸妈安排，这些一点儿一点儿攒在钱包里的零钱被我用来购买小说、杂志和学习用品之类的东西。钱包塞满现金后的鼓胀感和花掉它们后的扁平感，造成了情绪上的起起伏伏，也让生活变得充满变化、乐趣十足。

记不清从什么时候开始，现金慢慢淡出了我们的生活，变成了银行卡上的一串串数字，成了视线之外的非具体实物。

无论是去买七位数的珠宝，还是两位数的冰激凌，大多数人都会掏出手机，点开支付软件，等商家的扫码机器对准手机屏幕，"嘀"的一声之后，支付完成，包装完美的商品立刻被你提在手上或者直接被快递到你的住处。

夜市上，路边的那些小商贩们大都提前准备好收款二维码，以便在结账时可以快速递给顾客。依照说好的价格收取正好的费用，买家不需要考虑现金的面值是否合适，卖家也不必担心找零钱时忙中出错。

网购就更不必说了，现金似乎从未在这一领域拥有一席之地。你不用知道这些在世界各地的卖家长着怎样的一张脸，连接你们的是支付系统中传递的那串数字。

某一天，你偶然看了一眼银行卡余额，不禁怀疑自己遭遇了网络诈骗，明明什么都没买，怎么余额少得惊人？这时，请在支付软件中自定义消费时间范围，然后每一笔支出都会清楚地列在你的手机屏幕上。那些密密麻麻代表着支出的符号"–"和绿色数字，还有列在后面的交易时间和地点，都在帮助你快速恢复记忆。有些软件还会对你的支出进行分类，让你瞬间反思自己是在餐饮上投入过多，还是在运动方面过于懈怠，或者是在投资方面从来都是一个傻瓜。

也许现金在流通领域的淡出是一种进步。因为在流通过程中，现金上会留下各种细菌。小时候，大人总会不时地提醒："拿了钱以后得洗手，钱很脏。"我对此十分疑惑：一个能为我换来零食、玩具甚至快乐的东西，怎么可能是脏的？

艺术家安迪·沃霍尔[①]也不这么想，在他看来，现金上面的细菌并不比他手上本来就有的多。对他来说，唯一的困扰来自对面值的识别。有一次他坐出租车，天太黑没看清，把一百美元当成五美元给了司机，还说不用找了。每次想起这件事来，他都感到十分不爽。现金淡出生活后，类似的困扰不再存在，坐出租车也不用特别担心小费的问题。到达目的地后，手机屏幕上弹出的支付金额根本不让你修改，这也从道德上消除了不支付小费的愧疚感。

如此说来，现金真的完全无用了，应该从地球上消失吗？

（选自《三联生活周刊》2021 年第 36 期，作者欧阳宇诺，有删改）

词语表 14-02

生词	拼音	词性	翻译
1. 饮料	yǐnliào	名	drink, beverage
2. 零钱	língqián	名	change
3. 由	yóu	介	by
4. 攒	zǎn	动	save (money), collect
5. 之类	zhīlèi	名	and things (like that)
6. 塞	sāi	动	fill in, plug in
7. 鼓胀	gǔzhàng	动	swell, bulge

① 安迪·沃霍尔（1928—1987）：被誉为 20 世纪艺术界最有名的人物之一，是波普艺术的倡导者和领袖。他还是电影制片人、作家、摇滚乐作曲者、出版商。

8. 扁平	biǎnpíng	形	flat
9. 十足	shízú	形	very
10. 淡出	dànchū	动	fade out
11. 串	chuàn	量	string
12. 视线	shìxiàn	名	sight
13. 非	fēi	前缀	(used as a prefix) non-
14. 实物	shíwù	名	entity
15. 位数	wèishù	名	digit, figure
16. 珠宝	zhūbǎo	名	jewelry
17. 冰激凌	bīngjīlíng	名	ice-cream
18. 掏	tāo	动	take out
19. 商家	shāngjiā	名	seller
20. 扫码	sǎo//mǎ	动	scan QR code
21. 对准	duìzhǔn		aim at
22. 屏幕	píngmù	名	screen
23. 住处	zhùchù	名	residence, dwelling
24. 夜市	yèshì	名	night fair, night market
25. 商贩	shāngfàn	名	peddler, vendor
26. 大都	dàdōu	副	mostly, for the most part
27. 收款	shōu//kuǎn	动	collect payments
28. 二维码	èrwéimǎ	名	QR code
29. 以便	yǐbiàn	连	in order to
30. 结账	jié//zhàng	动	check out
31. 递	dì	动	pass
32. 收取	shōuqǔ	动	charge, collect
33. 买家	mǎijiā	名	buyer
34. 面值	miànzhí	名	face value

35. 卖家	màijiā	名	seller
36. 从未	cóngwèi	副	never
37. 一席之地	yìxízhīdì		a certain position
38. 连接	liánjiē	动	connect
39. 系统	xìtǒng	名 形	system; systemic
40. 偶然	ǒurán	副 形	by chance; accidental
41. 余额	yú'é	名	balance, remaining sum
42. 不禁	bùjīn	副	spontaneously
43. 遭遇	zāoyù	动 名	encounter; (bitter) experience
44. 诈骗	zhàpiàn	动	defraud
45. 惊人	jīngrén	形	amazing, astonishing
46. 支出	zhīchū	名 动	expense; spend
47. 密密麻麻	mìmimámá	形	thickly dotted
48. 恢复	huīfù	动	recover, regain
49. 记忆	jìyì	名 动	memory; remember
50. 分类	fēn//lèi	动	classify
51. 反思	fǎnsī	动	introspect, reflect
52. 餐饮	cānyǐn	名	catering
53. 懈怠	xièdài	形	slack
54. 傻瓜	shǎguā	名	fool
55. 流通	liútōng	动	circulate
56. 细菌	xìjūn	名	germ, bacterium
57. 不时	bùshí	副	from time to time
58. 艺术家	yìshùjiā	名	artist
59. 唯一	wéiyī	形	only, sole
60. 识别	shíbié	动	distinguish, identify
61. 当成	dàngchéng	动	take for, regard as

62. 不爽	bùshuǎng	形	not well, in a bad mood
63. 小费	xiǎofèi	名	tip
64. 目的地	mùdìdì	名	destination
65. 弹	tán	动	pop up
66. 金额	jīn'é	名	sum
67. 道德	dàodé	名	morality
68. 消除	xiāochú	动	eliminate
69. 愧疚	kuìjiù	形	ashamed and uneasy

专有名词

安迪·沃霍尔	Āndí Wòhuò'ěr	Andy Warhol (name of a person)

重点词

1. 攒

攒钱　攒学费　攒体力
慢慢攒　一直攒　一点儿一点儿地攒
攒够　攒下来　攒了很多年　攒到一起

（1）我早晚有一天能攒够出国留学的学费和生活费。
（2）这些钱毕竟是父母辛辛苦苦攒下来的，你怎么能如此浪费呢？
（3）你看我最近吃得多，睡得多，那都是在为即将到来的决赛攒体力啊！
（4）他暑假打工挣了一笔钱，打算全部攒起来，以后跟同学一起去毕业旅行。

2. 塞

塞钱　塞红包　塞（住）瓶口
往里塞　用力塞　紧紧地塞住
塞满　塞进去　塞不了　塞到箱子里　把耳机塞在耳朵里

（1）糟糕！我给他的红包里好像没有塞钱。

（2）出发前，妈妈把我的行李箱塞得满满的，连张纸都塞不进去了。
（3）我尝试着跟她解释，可是她用手指使劲塞住耳朵，根本不听。
（4）为了不让爸爸发现我在玩儿游戏，我连手机带电脑都塞到了床底下。

3. 掏

掏钱　掏手机　掏口袋　掏耳朵
往外掏　使劲掏　小心地掏（出）
掏空　掏出来　掏了半天

（1）钥匙不在包里，你掏一下我的大衣口袋看看，可能在那里。
（2）我把钱包都掏空了，也没有掏出来多少钱。
（3）这次旅行由公司掏钱，大家只管尽情享受旅行的快乐。
（4）妈妈慢悠悠地从包里掏出一个信封，把它塞到了我手里。

4. 惊人

变化惊人　速度惊人　食量惊人
惊人的成绩　惊人的场面　惊人的记忆力
高得惊人　贵得惊人　快得惊人
惊人地一致　惊人地相似

（1）北京地铁的发展速度十分惊人，到2023年12月，已经开通的线路有27条。
（2）短短一个月的时间，这里发生了惊人的变化。
（3）我的汉语词汇量有限，她的语速又快得惊人，我俩简直无法交流。
（4）这套丛书虽然由不同的作者创作，却惊人地呈现出一个共同特点——简单易懂。

5. 反思

反思自己　反思历史　反思……的问题 / 原因
好好儿反思　深刻反思　自我反思
反思一下　反思了好久
值得反思　引起反思　进行反思　令人反思

（1）我希望她能利用这次失败好好儿反思一下自己。
（2）练习后要及时纠正错误，并反思造成错误的原因，这样才能进步。
（3）关于这次事故，我们进行了深刻的反思。
（4）越来越多的老年人成了网络诈骗的受害者，这种现象值得我们反思。

6. 消除

消除痛苦　消除矛盾　消除疑惑　消除偏见
彻底消除　基本消除　渐渐消除　难以消除
消除不了

（1）只要好好儿沟通，你们之间的误会一定会消除的。
（2）用热水泡脚、泡澡有利于消除疲劳。
（3）下班回到家，在女儿扑到我怀里的那一刻，一天的烦恼彻底消除了。
（4）他在上次比赛中的不文明行为所带来的恶劣影响，短期内恐怕无法消除。

练一练：选词填空

攒　塞　掏　惊人　反思　消除

（1）别动不动就抱怨这抱怨那，遇到问题最好先（　　）一下自己。
（2）等（　　）够了钱，我一定买一套属于自己的房子。
（3）网络时代，我们随时可以（　　）出手机听音乐、看电影，简直太方便了！
（4）他接过小商贩找回的零钱，随手（　　）进了口袋里。
（5）当孩子之间发生矛盾，家长要及时引导，帮助孩子（　　）矛盾。
（6）如果你愿意这样做，三个月内你一定会取得（　　）的进步。
（7）我小时候特别喜欢（　　）那些五颜六色的糖纸，但是又不把它们整理好，常常东（　　）西放。每次姐姐洗衣服时，总能从我某个口袋里（　　）出几张糖纸；或者因为我没有及时清空口袋，糖纸被泡碎了，弄得衣服上到处都是，她气得不得了。终于有一天，她忍无可忍，做出了一个（　　）的举动：当着我的面把糖纸全都扔进了楼下的垃圾箱。这件事让我和姐姐之间产生了不小的矛盾，当时的我以为我们之间的矛盾一辈子都无法（　　）。渐渐地，我长大了，也开始（　　）自己：既然是自己心爱的东西，为什么随便乱放？如果自己都不知道珍惜，又怎么可以怪别人呢？

语言点

1. 由

介词。用于引出动作行为的执行者或事情的负责人。例如：

（1）期末考试之后，由学院负责公布学生的学期成绩。

（2）下面，由我为大家介绍一下我们国家的货币形式。

（3）在职场上，职位能否得到晋升不完全由自己决定。

（4）动物园里大熊猫的食谱是由专门的营养师制定的。

练一练：用“由”完成下列句子或对话

（1）妻子病了，现在家里的家务活儿____________________。

（2）是否结婚以及跟谁结婚，________________________。

（3）A：老王负责这个项目，咱们去找他吧。

　　B：经理说老王出差了，________________________。

（4）A：你们家谁说了算？

　　B：在我们家，买房、投资、孩子教育之类的大事往往__________

　　________________________________。

2. 之类

表示不尽列举，只是提出同类人或事物中的代表。例如：

（1）随着科技的飞速发展，ChatGPT 之类的新科技工具层出不穷。

（2）拿称呼来说，很多国家使用“先生、夫人、小姐”之类的称谓。

（3）我跟他不熟悉，偶尔见面也只不过聊些“今天天气怎么样”之类的，没什么深入的交流。

（4）素食主义者不吃鸡肉、牛肉之类的食物，甚至连鸡蛋、牛奶也不吃。

练一练：用“之类”完成下列句子或对话

（1）刚来中国时，我对________________________很感兴趣。

（2）______________________________，深受年轻人喜爱。

（3）A：你早餐一般吃什么？

　　B：____________________________________。

（4）A：你喜欢什么样的体育运动？

B：____。

3. 以便

连词。连接两个小句，常用于第二个小句句首，构成目的复句“……，以便……”，表示前面的行为或条件可以使得下文所说的目的容易实现；多用于书面表达。例如：

（1）我们要定期体检，以便及时了解自己的身体情况。

（2）我们要不断学习新技术，了解新事物，以便适应社会的快速变化。

（3）您来之前最好给我们打个电话，以便相关人员提前做好准备。

（4）请各位认真填写身份信息、联络方式，以便出现问题时我们可以第一时间联系到您。

练一练：用“以便”完成下列句子

（1）出门时请随身携带充电宝，________________________________。

（2）平时多积累一些急救知识，____________________可以自救或者救助他人。

（3）分别时，我们互相留下了联络方式，____________________________。

（4）她稍微提高了一些音量，______________________________________。

4. 偶然

形容词、副词。表示从一般事理或规律上看，事情的发生是意外的，不是必然的。形容词“偶然”可以修饰名词，如“偶然因素、偶然事件”等；副词“偶然”常修饰动词或动词短语。例如：

（1）仔细想来，这次失败并不是偶然的，是工作不负责任的必然结果。

（2）这只是一起偶然事故，不是谁故意搞破坏。

（3）有些疾病没什么明显的症状，常常是在体检时偶然发现的。

（4）在异国他乡偶然遇到了老朋友，我激动得不知道该说些什么。

练一练：

（一）用“偶然”完成下列对话

（1）A：你昨天是和安娜约好一起去图书馆的吗？

B：不是，________________________________。

（2）A：你看，又出错了，你可不能再这么粗心了！

B：哎呀，________________________，又不是总这样。

（3）A：你和丈夫是怎么相识的？

B：______________，后来彼此都觉得不错，就开始谈恋爱了。

（4）A：现在你的第三声发得很好啊！

B：是呀，之前我总是发不好这个声调，后来______________。

（二）用“偶然”或“偶尔”完成下列句子

（1）周末我喜欢逛书店，________也会发现几本感兴趣的书。

（2）我________选中了这个号码，没想到居然中奖了，真是喜从天降！

（3）一次________的机会，我发现了森林深处的小溪。

（4）________，我会去公园散步，看看花草，听听鸟鸣。

5. 不禁

副词。表示动作、行为是由于情绪冲动、生理反应而不知不觉发生的，意思相当于“不由自主、情不自禁”。例如：

（1）旁边的人突然踩了我一脚，我不禁“哎呀”一声大叫起来。

（2）毕业不到两年，他就升级为部门经理，大家不禁对他刮目相看。

（3）他怎么也不承认错误，我心中不禁疑惑：“难道是我错怪他了？”

（4）偶然看到一篇介绍中国美食的文章，这不禁让我回忆起自己第一次吃中国菜的画面。

练一练：用“不禁”完成下列句子

（1）他居然一下子吃了十几个汉堡包，______________________。

（2）看到喜欢的球队获得最终的胜利，______________________。

（3）他已经有一个多月没来上课了，这______________________。

（4）她一直渴望结婚，可真有人向她求婚了，她又______________。

6. 不时

副词。表示动作行为间隔不长、不断地重复发生；也可以说成“时不时”；常用于肯定句；多用于书面表达。例如：

（1）夜市上不时传来商贩们的叫卖声。
（2）演讲会场上气氛热烈，不时响起一阵阵掌声。
（3）汇报工作的过程中，他时不时地扶一扶鼻梁上的眼镜。
（4）他一直坐在办公桌前，时不时地看看窗外，似乎有什么心事。

练一练：用“不时”完成下列句子

（1）知道我感冒发烧后，室友____________________。
（2）经理认真地听着大家的工作报告，____________________。
（3）树林里____________________，声音清脆响亮。
（4）学习的时候，我____________________，完全控制不住自己。

课文理解与表达训练

1. 根据课文内容回答下列问题。
（1）小时候花钱、攒钱带给“我”怎样的体验？
（2）文中主要提到了哪几种非现金交易场合？
（3）使用支付软件时，买家如何操作？卖家呢？对他们来说，使用支付软件交易有哪些好处？
（4）为什么有时候我们会怀疑自己遭遇了网络诈骗？
（5）怎样查看自己的支出？除了支出金额，我们还可以获得哪些信息？
（6）从什么角度看，作者认为现金淡出流通也不算坏事？
（7）对于“钱很脏”，小时候的“我”是怎么想的？在你看来，钱脏吗？
（8）对安迪·沃霍尔来说，使用现金的困扰是什么？
（9）乘坐出租车时，使用非现金支付还有什么好处？

2. 从课文中找出使用现金、数字 / 移动支付的优缺点，完成下面的表格。要求：①提取关键信息；②进行总结概括。

形式	优点	缺点
现金		
数字 / 移动支付		

3. 动口与动手。

请从下面几组新旧事物中（但不限于）选取一组进行比较，说一下它们各自的优点和缺点，并发表个人的观点。

（1）线上课 VS 线下课

（2）网络购物 / 订餐 VS 实体店购物 / 就餐

（3）平台（滴滴、Uber 等）约车 VS 招手打车

（4）网上交友 VS 日常交友

（5）电子书 VS 纸质书

下面的表达框架和表达形式可以帮助你：

新事物出现前 → **新事物出现时** → **新事物出现后** → **你的观点**

新事物出现前
- 生活是什么样的？
- 人们的体验如何？

（过去；……年前；以前；那个年代；曾经）

新事物出现时
- 什么时候？
- 什么情况下？

（记不清从什么时候开始；自从……以来；在……下；随着……，……越来越……；淡出）

新事物出现后
- 生活是什么样的？
- 人们的体验如何？

（现在；如今；当下；当代；已经；至今）

你的观点
- 你怎么看？
- 为什么这样想？

（在我看来；我个人认为；我相信 / 怀疑 / 无法确定；因为；毕竟；有利有弊；不但……而且……；一方面……另一方面；别看……可是……；其实）

扩展阅读与练习

纸质书不可替代，电子书渐成潮流

如今，阅读电子书早已司空见惯。在不少城市早晚高峰的地铁上，我们可以直观感受到电子书的受欢迎程度。电子书给人们的阅读方式、认知模式与思维习惯带来了改变。电子书阅读快速增长引发了人们对相关问题的思考，比如：电子书与纸质书各有什么优势？二者能否长期共存？

电子阅读渐成潮流

电子书阅读的流行，首先得益于阅读终端的普及。掌阅、当当云阅读、京东读书、网易云阅读、咪咕阅读、微信读书等APP让用户只需拥有一部手机，即可下载浏览海量电子书资源。读者可以通过免费或付费方式获取正版资源，避免盗版资源存在的文字错讹与格式问题。携带轻便、价格低廉、节省纸张和空间、资源获取容易、信息检索方便、“大部头”作品不占现实空间等也是其优势所在。

如果觉得手机阅读不过瘾，还有五花八门的电子书阅读器可供选择。随着科技的进步，电子书阅读器带给读者的体验越来越接近于纸质书。今年3月，科大讯飞发布的全球首款彩色电子阅读器已经可以显示4096种色彩，使插图较多的美术摄影类书籍的阅读体验接近纸质书。以往广受读者诟病的格式限制、批注不便、单机下载不及时等问题也正随终端设备的升级换代而不断改善。开放式批注、评论等功能的开发，也有助于实现读者与读者、读者与作者之间的互通，凸显阅读的交互性，使阅读不再是躲在书房里的私密性活动。

此外，电子书在信息检索上具有强大优势，工具书的数字转型引人注目。2012年，拥有两百多年历史的《不列颠百科全书》宣布停止纸质发行。今年3月，商务印书馆语言资源知识服务平台（涵芬APP）宣布上线，目前已汇集包括《新华字典》《现代汉语词典》在内的24部权威汉语工具书。工具书电子化或成未来趋势，相关检索方法也将发生革命性变化。

纸质书并未过气

2010年，以《数字化生存》一书闻名的美国学者尼古拉·尼葛洛庞帝预言：纸质书将在五年内消亡。事实已经给出相反的答案——纸质书自有其价值，很难被取代。

首先，读屏造成的眼疲劳程度比读纸质书更高，而视觉疲劳会在一定程度上影响人的学习效果，尤其是在需要高度集中注意力进行深度阅读时。从读者群体来看，青少年电子书阅读时长的增加，也引发了家长对孩子眼睛近视的担忧。

其次，即使这一点随着科技进步可以得到改善，电子书也无法满足深度阅读所需的“空间感”。我们在阅读复杂文本时常常需要把书翻来翻去，以便把某个意思或词回想得更清楚。这被研究者称为“巡航”，它对形成文本记忆和理解文本非常重要。比如在读到第三章时，想起第一章里好像出现过这个术语，如果是纸质书，随手一翻便可找到；而电子书的内容并没有固定位置，读者在缺乏明确提示时不容易完成文本的空间建构，也就不容易形成完整深刻的印象。

此外，从阅读心理上说，电子书虽然模仿了纸质书，但不可能在形态上做到完全一致，这给人一种陌生、疏离和不真实的感觉，导致读者不自觉地缺乏读纸质书时的严肃和投入，影响深度阅读的效果。阅读长难文本或重要书籍，需要调动人的深入理解与思考能力，纸质书或许是更好的选择。

通过上述分析可以发现，电子书不能完全替代纸质书。在阅读市场日益细分的形势下，对读者而言，认清二者各自的优劣，从阅读需要出发进行选择才是关键。

意大利小说家、符号学家翁贝托·艾柯曾在题为“书的未来”的演讲中指出：“书是那种一旦发明，便无须再改进的工具，因为它已臻完善，就像锤子、刀子、勺子或剪子一样。”其实，作为人类文明的重要载体，书籍的形态古往今来一直在变，电子书阅读与纸质书阅读形成双轨并行、融合发展的格局，共同推动全民阅读广泛深入开展，将是大势所趋。

（选自央广网 2020-07-22，作者张鹏禹，有删改）

根据短文内容完成下列练习：

1. 电子书的优势有：

A. 携带轻便、价格低廉

B. 节省纸张和空间

C. 资源获取容易

D. 以上都是

2. 关于电子书阅读器，下面的说法正确的是：

A. 阅读体验与纸质书完全一样

B. 特别适合用于阅读美术摄影类书籍

C. 有助于读者与读者、读者与作者之间的互通

D. 广受读者批评

3. 纸质书的优势有：

A. 读纸质书造成的眼疲劳程度低，不会引发青少年近视

B. 信息检索方便，可以满足深度阅读所需的“空间感”

C. 读者在读纸质书时更严肃、投入，深度阅读的效果更好

D. 可以进行开放式批注、评论，能够凸显阅读的交互性

4. 下面的说法错误的是：

A. 电子书给人们的阅读方式、认知模式与思维习惯带来了改变

B. 拥有两百多年历史的《不列颠百科全书》已经宣布停止纸质发行

C. 2010 年，一位美国学者预言：纸质书将在五年内消亡

D. 意大利小说家、符号学家翁贝托·艾柯认为纸质书需要继续改进、完善

5. 作者的观点是：

A. 电子书和纸质书各有所长，读者可根据个人的阅读需求进行选择

B. 电子书阅读快速增长，会逐渐取代纸质书

C. 电子书给人一种陌生、不真实的感觉，终将淡出人们的生活

D. 随着时代的发展，电子书和纸质书都会被淘汰

语言文化小常识

人民币纸币——中国传统文化的艺术展现

人民币是中华人民共和国的法定货币。人民币纸币在设计上融入了丰富多彩的中国传统文化元素。从各面值纸币背面的图案中，我们可以领略到杭州西湖的秀丽、泰山的雄伟、长江三峡的壮观、桂林山水的清新、布达拉宫的神秘以及北京人民大会堂的庄严。这些图案不仅展示了中国的自然之美，也呈现了丰富的人文景观。

纸币正面和背面的纹饰同样蕴含了丰富的传统文化信息。例如，1 元纸币上的金乌负日图，其灵感源自庙底沟彩陶，代表着古代神话中的太阳神鸟，象征着光明与希望；5 元纸币上的纹饰则取自古建筑中的藻（zǎo）井，体现了中国传统建筑艺术的精致与华美；10 元纸币上的缠（chán）枝纹，常见于瓷器装饰之中，又名“万寿藤（téng）”，寓意着生生不息的美好愿望；20 元纸币正面的饕餮（tāotiè）纹，常见于青铜器之上，是先秦时期辉煌文化的象征；50 元纸币上的羌（Qiāng）族刺绣图案，展示了中国少数民族独特的精湛（zhàn）工艺；而 100 元纸币上的几何云纹，则来源于战国时期的漆器，充分展现了中国古代工艺的高超水平。

这些设计不仅极大地提升了人民币的艺术价值，更使其成为传播中国传统文化的重要载体，让人们在日常生活中也能感受到中国传统文化的魅力与韵味。

15 面具和脸谱

本课学习重点

话　　题：文化差异
重 点 词：区分　继承　灵活　夸张　象征　欣赏
语 言 点："有"字句 3　为的是　因而　有所　则　V 来 V 去
表达训练：说明两种事物的共同点与不同点

热　身

1. 你见过下面这些面具和脸谱吗？试着将它们"对号入座"吧。

A. 日本能乐面具　　B. 埃及黄金面具　　C. 中国青铜面具
D. 京剧脸谱　　E. 非洲面具　　F. 罗马戏剧面具

2. 你的国家 / 地区有面具、脸谱之类的东西吗？请简要介绍一下它的特征和用途。

课 文

15-01

面具和脸谱

京剧是中国的国粹，也是东方戏剧的代表，有着十分悠久的历史。表演京剧时，演员会在脸上画上各式各样的脸谱，为的是便于观众区分人物角色。到了今天，脸谱已经成为中国传统文化元素的代表之一。

古希腊戏剧被认为是西方戏剧的源头。古希腊戏剧演员在表演时，会戴上代表角色的泥制或木制面具。后来，古罗马打败古希腊，罗马人的戏剧继承了古希腊戏剧里的面具。那么，西方古希腊、古罗马戏剧中的面具与东方的脸谱到底有哪些相同点和不同点呢？

不论是古希腊还是古罗马时期，戏剧都是在巨大的露天剧场里演出的，演员时常得面对上千名观众。而古时候没有音响，如何让所有观众都能听见演员的声音呢？面具就起到了放大声音的关键作用。面具的嘴巴就像一个喇叭，因而可以聚拢演员的声音。当演员戴着面具说话时，音量就会被放大，即使观众离舞台很远，也能听清演员念的台词。面具上的眼睛部位留有两个洞，演员在表演时可以看见舞台，并能观察观众的反应。不过，面具大大限制了演员的表演空间，观众看不到演员的面部表情。相比之下，虽然京剧演员面部画有脸谱，但观众可以看到演员眼神和表情的变化，这使他们的表演更加灵活自如。

古希腊戏剧中的面具和京剧中的脸谱都采用夸张的色彩和线条放大演员的面部特征。不过，二者在色彩、线条的运用上有所不同。

古希腊戏剧中的面具是戴在演员头上的，把演员的脸遮住。那些面具上的五官比正常人的大很多，这样一来，即使台下的观众离得很远，也可以通过面具上夸张的五官识别出人物角色，从而看懂故事情节的发展。比如，男性角色的面具通常是棕色的，女性角色的则是白色的；英雄的面具往往有大胡子和张开的大嘴，而骗子的面具则刻着弯曲的鼻子和凹陷的眼睛。

跟古希腊戏剧中的面具不同，京剧脸谱是用油彩直接画在演员脸上的，更多的是利用鲜艳的色彩和不同的图案来反映人物的性格和情绪。例如，脸谱的颜色体现人物的性格，红色象征忠诚，黑色象征坚强，紫色象征正义，白色象征奸诈；用不同形状的眉毛展现人物的不同情绪，皱起来的眉毛表示悲伤，展开的眉毛表示开朗。不仅如此，京剧脸谱上连皱纹都有好几种样式，比如眼角的鱼尾纹是用来表现年龄的，鼻子两侧的法令纹则凸显威严。

因为京剧脸谱是用油彩画在脸上的，不论是画还是清洗，都需要相当长的时间，不能像面具那样换来换去，所以一名主要演员一般只扮演一个主要角色。而古希腊戏剧中的面具是戴在头上的，戴上去和摘下来都很方便，所以同一个演员只要换上不同的面具，就可以瞬间转换角色；同样，不同的演员轮流戴同一副面具，就可以共演一个人物。

随着历史的发展，当人们可以在室内欣赏戏剧演出后，演员就不需要面具来放大声音了，面具逐渐淡出了西方戏剧舞台。表演时露出面部，也让演员们有了更多的发挥空间。京剧脸谱作为道具的一部分，间接地替演员传递着极为复杂的信息，因而至今仍然是京剧舞台上不可缺少的重要元素。

综上所述，东西方戏剧表演艺术存在着一些差异，正是这些差异展现了人类文化的多样性，我们也因而获得更加丰富的艺术体验。

（选自《奇趣博物馆·古怪面具》，本文作者高山，中国少年儿童出版社 2020 年出版，有删改）

词语表

15-02

生词	拼音	词性	翻译
1. 面具	miànjù	名	mask
2. 脸谱	liǎnpǔ	名	facial makeup

3. 国粹	guócuì	名	quintessence (of a nation), national essence
4. 戏剧	xìjù	名	play, drama, opera
5. 悠久	yōujiǔ	形	long, time-honored
6. 便于	biànyú	动	be for easy, be convenient to
7. 区分	qūfēn	动	distinguish
8. 人物	rénwù	名	figure, character
9. 元素	yuánsù	名	element
10. 源头	yuántóu	名	source, origin
11. 泥制	nízhì	形	made of clay
12. 继承	jìchéng	动	inherit
13. 时期	shíqī	名	period, stage
14. 露天	lùtiān	形 名	outdoor; open air
15. 音响	yīnxiǎng	名	audio equipment
16. 放大	fàngdà	动	enlarge, amplify, magnify
17. 喇叭	lǎba	名	trumpet, loudspeaker
18. 因而	yīn’ér	连	so
19. 聚拢	jùlǒng	动	gather together, round up
20. 音量	yīnliàng	名	volume
21. 台词	táicí	名	lines
22. 部位	bùwèi	名	part, place
23. 洞	dòng	名	hole
24. 面部	miànbù	名	face
25. 相比之下	xiāngbǐ zhī xià		in contrast
26. 眼神	yǎnshén	名	expression in one’s eyes
27. 灵活	línghuó	形	flexible, agile, nimble
28. 夸张	kuāzhāng	形	exaggerated, overstated
29. 线条	xiàntiáo	名	line

30. 有所	yǒusuǒ	动	have, be
31. 五官	wǔguān	名	five sense organs, feature
32. 情节	qíngjié	名	plot
33. 男性	nánxìng	名	male
34. 棕色	zōngsè	名	brown
35. 则	zé	连	while
36. 英雄	yīngxióng	名	hero
37. 骗子	piànzi	名	fraud, cheater
38. 刻	kè	动	carve, inscribe
39. 弯曲	wānqū	形	curved, bent
40. 鼻子	bízi	名	nose
41. 凹陷	āoxiàn	动	sunken, hollow, dent
42. 油彩	yóucǎi	名	greasepaint
43. 鲜艳	xiānyàn	形	bright-colored
44. 图案	tú'àn	名	pattern, design
45. 象征	xiàngzhēng	动 名	symbolize; symbol
46. 忠诚	zhōngchéng	名 形	loyalty; loyal, faithful
47. 紫色	zǐsè	名	purple
48. 正义	zhèngyì	名 形	justice, righteousness; justified, righteous
49. 奸诈	jiānzhà	形	treacherous, artful, deceitful
50. 眉毛	méimao	名	eyebrow
51. 皱	zhòu	动	crinkle, wrinkle
52. 开朗	kāilǎng	形	cheerful, sonsy
53. 皱纹	zhòuwén	名	wrinkle
54. 样式	yàngshì	名	style, pattern
55. 眼角	yǎnjiǎo	名	canthus, the corner of the eye
56. 鱼尾纹	yúwěiwén	名	crow's feet

57. 两侧	liǎngcè	名	two sides, two flanks
58. 法令纹	fǎlìngwén	名	nasolabial fold
59. 凸显	tūxiǎn	动	stand out, highlight
60. 威严	wēiyán	名 形	prestige; stately, majestic
61. 清洗	qīngxǐ	动	rinse, wash
62. 摘	zhāi	动	take off
63. 转换	zhuǎnhuàn	动	switch, shift, convert
64. 轮流	lúnliú	动	take turns
65. 欣赏	xīnshǎng	动	appreciate
66. 道具	dàojù	名	prop
67. 间接	jiànjiē	形	indirect
68. 极为	jíwéi	副	extremely
69. 综上所述	zōngshàng-suǒshù		as mentioned above, in conclusion
70. 差异	chāyì	名	difference, discrepancy

专有名词		
1. 希腊	Xīlà	Greece
2. 罗马	Luómǎ	Rome

重点词

1. 区分

区分年龄　区分水平　区分好和坏
难以区分　大致区分　准确地区分
区分出来　区分不了　区分得很严格

（1）刚学汉语时，我无法区分第二声和第三声，所以常常闹笑话。
（2）从微信头像看，我们无法区分出这个人的性别。
（3）考试必须科学、有效地区分出学生的真实水平。

（4）他把工作和生活区分得清清楚楚，在二者之间找到了最好的平衡。

2. 继承

继承财产　继承传统　继承事业
不断地继承　有选择地继承　一代一代地继承
继承下来　继承不了
继承人　继承权　继承法

（1）对于一些传统文化，我们应该区分优劣，有选择地继承。
（2）父亲希望我把家族产业继承下去，但做生意真不是我擅长的。
（3）根据继承法，这笔财产由第一顺序继承人继承，你继承不了。
（4）作为一家有着百年历史的公司，我们的管理要在继承中发展，在发展中创新。

3. 灵活

动作灵活　思维灵活　方法灵活
灵活控制　灵活掌握　灵活运用
灵活的机器　灵活的双手　灵活性

（1）他手指灵活地敲打着键盘。
（2）我们最好结合具体情况灵活处理此类问题。
（3）身穿红色运动服的球员脚步灵活，反应迅速。
（4）这家商场接受现金、移动支付、银行转账，收款方式十分灵活。

4. 夸张

语言夸张　表情夸张　场面夸张
夸张的姿势　夸张的服装　夸张的广告
夸张地说　夸张地拉长声音　夸张地伸长脖子
过分夸张　过于夸张　严重夸张
夸张得不得了　夸张得很厉害

（1）看到他夸张的表情，大家都忍不住笑了起来。

（2）他一边说一边用双手夸张地比画着。

（3）姐姐只是轻轻地推了妹妹一下，妹妹就夸张地放声大哭起来。

（4）有些美容产品的广告过于夸张，其实使用效果没有那么好。

5. 象征

【动】鸽子象征（着）和平　红玫瑰象征（着）爱情
象征意义　象征性
【名】身份的象征　纯洁的象征　时代的象征

（1）奥运五环的五种颜色分别代表着世界五大洲，五环连在一起象征着五大洲的人们和谐相处。

（2）画上的金字塔、长城象征着人类古代文明，而机器人、宇宙飞船则象征着现代科学技术。

（3）在中国文化中，狗象征着忠诚，狐狸则象征着奸诈。

（4）在 20 世纪 80 年代的中国，“大哥大”是地位的象征。

6. 欣赏

欣赏音乐　欣赏风景　欣赏书法作品
无法欣赏　尽情欣赏　值得欣赏
欣赏得了　欣赏了一下午
欣赏性　欣赏水平　欣赏价值

（1）这门课程主要由老师带领我们欣赏中国现当代文学作品。

（2）他们站在景山上，尽情地欣赏着故宫的美景。

（3）A：说实话，这种艺术形式，他还真不一定欣赏得了。
B：他的欣赏水平确实不算高。

（4）这次展出的作品有着很高的艺术欣赏价值，吸引了不少书法爱好者。

练一练：选词填空

区分	继承	灵活	夸张	象征	欣赏

（1）尽管爷爷的身体状况已经有所好转，但脚步还是不大（　　）。

（2）西方人往往无法（　　）中国人和韩国人。

（3）周末，我喜欢一个人静静地坐在沙发上（　　）音乐。

（4）为了（　　）这项传统艺术，他从小就在剧院里跟着师傅学习。

（5）在文学作品中，孔雀通常被视为美丽、自信、繁荣的（　　）。

（6）你们别那么（　　）好不好？我有那么搞笑吗？

（7）我和弟弟是一对双胞胎，（　　）了父母的基因和特征，长得几乎一模一样。偶尔我俩会恶作剧，让父母无法准确（　　）我们。然而，尽管我们有着相似的外貌，却存在着很大的内在差异。我学习能力一般，而弟弟头脑（　　）。在个性上，他更加活泼，甚至有时候让人觉得言行举止有些（　　）；相比之下，我则更加安静、内向，喜欢独处和思考。在我们的房间里，我俩的床头分别挂着小老虎和小绵羊的毛绒玩具，妈妈说这是我们各自的（　　）。跟其他兄弟一样，我俩有时候也会因为小事吵得不可开交，但更多的时候是彼此（　　），互相支持。

语言点

1. “有”字句 3

“有”字句的以下两种用法主要用于书面表达。

（一）表示存在、具有：主语＋有＋着＋宾语。宾语通常是抽象名词。例如：

（1）父母的引导对我有着决定性的影响。

（2）我们公司在市场上有着强大的竞争力。

（3）我发现孩子脸上有着哭闹过的痕迹。

（4）母亲是一个有着钢铁般意志的女人。

（二）表示附着：主语＋动词＋有＋宾语。这种“有”字句的动词通常是可以表达动作行为遗留状态的动词，如“画、挂、贴”等。例如：

（5）父亲在国内还留有200万元遗产，这些遗产将由我们共同继承。

（6）有些地方明明写有“禁止倒垃圾”“请勿乱丢果皮纸屑”之类的宣传语，

但依然垃圾成堆。

（7）这双筷子是一位中国朋友赠送的，上面刻有漂亮的龙凤图案。

（8）账单上列有每一笔支出的金额、交易时间和地点。

练一练：

（一）连词成句

（1）误会　兄弟　有着　很深　的　俩

____

（2）长期　之间　国家　友好　关系　两个　有着　的

____

（3）上海　人才　之类　有着　城市　吸引力　北京　的　对　强烈的

____

（4）差异　在　南北方　显著　上　饮食　有着　的

____

（二）用“有”字句描述下列图片

（1）每个人的胸前都戴着一个笑脸徽章，上面______________________________。

（2）他挑选了一对______________________________的情侣戒指。

（3）正在此时，一辆______________________________的货车开了过来。

（4）在购物时，请认准______________________________的商品。

2.　为的是

在目的复句“……，为的是……”中，“为的是”引导目的小句，常出现在后。例如：

（1）外婆没有把真相告诉我们，为的是让我们安心。

（2）妈妈一遍又一遍地嘱咐你，为的是提醒你注意安全，你怎么能这么不耐烦呢？

（3）这节课老师没讲什么新内容，为的是让我们有更多时间练习口语。

（4）我这次来贵公司，为的是寻求更进一步的合作。

练一练：用“为的是”完成下列句子

（1）他把车停在路面停车场，________________。
（2）我们几个把耳朵贴在门上，________________。
（3）现在努力学习，________________。
（4）临出发，他又仔细检查了一遍行李，________________。

3. 因而

连词。用在表示结果或结论的小句中，前一小句中可以有“由于”呼应；可以用在主语前边或后边；主要用于书面表达。例如：
（1）日本从北到南约有2600座温泉，因而有着“温泉王国”的美称。
（2）由于上个学期成立了学习互助小组，因而学生的成绩有了显著提高。
（3）这座城市遭遇了百年不遇的台风和暴雨，人们的生活因而受到严重影响。
（4）下半场由于蓝队球员受伤，比赛因而中断了五分钟。

练一练：用“因而”完成下列句子或对话

（1）我与她合作多年，________________。
（2）移动支付可以收取正好的费用，________________。
（3）学生：老师您好，我想查询期末考试成绩，但为什么无法打开网页？
老师：校园网突然出现了一些问题，________________。你稍等一会儿再试试。
（4）记者：请问，原计划本周末举行的新闻发布会为什么取消了？
组织者：________________。

4. 有所

动词“有”加助词“所”构成的动词结构。常跟双音节动词一起使用，如“有所发展、有所帮助”等，表示存在某种动作或行为，但一般不是十分显著；主要用于书面表达。例如：
（1）要想取得令人满意的成绩，必须有所付出。
（2）未来的生活会很艰难，你在思想上要有所准备。
（3）在母亲的照顾下，外婆的身体和精神状况都有所好转。
（4）随着经济的回暖，出境旅游的人数有所上涨。

练一练：选择合适的动词与“有所”搭配并完成句子

提升	增多	区分	回应	约束

（1）春节是居民消费高峰期，跟往常相比，各大商场的购物者均________。

（2）每个学生的基础不同，老师对他们的要求也应该________。

（3）与人交谈时，要保持微笑；对方说话，要________。

（4）我认为家长对孩子的行为应该________，不能过于放松要求。

（5）通过研究生阶段的学习，她的研究水平________。

5. 则

连词。表示对比，有时有转折的意思，相当于“却”；可以跟“但、而”等搭配使用；主要用于书面表达。例如：

（1）父母觉得打游戏很无聊，我则感到乐趣十足。

（2）春节时，南方人通常吃年糕，北方人则吃饺子。

（3）有的人渴望婚姻，但有的人则认为婚姻代表约束。

（4）他俩在性格上差别很大：哥哥严重缺乏自信心，而弟弟则总是一副天下无敌的样子。

练一练：用“则”完成下列句子或对话

（1）故宫博物院旺季门票 60 元，____________________________。

（2）我跟母亲的教育观不同，她对子女要求严格，____________________。

（3）A：你觉得这里的气候跟你的家乡有什么不同？

B：____________________________________。

（4）A：你认为家庭中丈夫和妻子应该如何分工？

B：有人认为，丈夫应该出去工作挣钱，______________，但我不赞同这种观点。

6. V来V去

固定短语。前后两个动词相同或意义相关，主要表达两种意思：

（一）表示具体动作或行为的方向，一会儿向这边，一会儿向那边，来回重复进行。例如：

（1）云雀在树梢上跳来跳去，不时传来清脆的叫声。

（2）第一次去环球影城，妹妹好奇地看来看去。

（3）鱼儿在水中自由自在地游来游去。

（4）妈妈不耐烦地冲我说道："你别在客厅走来走去的！"

（二）表示动作行为反复或持续进行。通常情况下，"V来V去"带有状语的性质，可以修饰另一个小句。例如：

（5）你看电视不要总是换台，换来换去的，都不知道看了些什么。

（6）学校食堂吃来吃去就只有这么几种菜，我都吃腻了。

（7）磨蹭来磨蹭去，又一天结束了，结果一件事情也没有完成。

（8）我真的特别不会拒绝人，思来想去也没有找到一个合适的理由。

练一练：用"V来V去"完成下列句子或对话

（1）这些工具各式各样，____________________，我一个都不会用。

（2）冬天穿得厚，公交车上人又多，____________，不一会儿我就出汗了。

（3）A：哥哥，咱们到底送妈妈什么礼物好呢？

B：____。

（4）A：你们俩____________________________，不觉得烦吗？

B：不是我想跟他吵，是他要跟我吵。

课文理解与表达训练

1. 根据课文内容判断下列句子的对错，错的请说明原因。

（1）京剧是东方戏剧的源头，而古希腊戏剧则是西方戏剧的代表。（ ）

（2）古希腊、古罗马戏剧演员戴面具的一个重要原因是面具可以放大声音。（ ）

（3）古希腊戏剧演员将面具戴在头上，使用起来十分方便，没有什么不好的地方。（ ）

（4）京剧脸谱借助色彩和图案来展现人物的性格和情绪。（ ）

（5）在京剧脸谱中，鱼尾纹和法令纹用来表示年龄，因为年龄大的人通常会长皱纹。（　　）

（6）在京剧表演中，一个主要演员通常只扮演一个主要角色；在古希腊戏剧中，同一个演员可能表演不同的角色。（　　）

（7）脸谱可以传递很多复杂的信息，因此是京剧舞台上不可缺少的元素。（　　）

（8）不同国家、民族在艺术形式上的差异，可以让人们有更丰富的艺术体验。（　　）

2. 根据课文内容完成下面的表格（要求：①提取关键信息；②进行总结概括），然后依照所填写的内容进行成段表达（要求：①尽量使用新学的词语；②注意书面表达形式）。

特点	面具	脸谱
共同点		
不同点		

3. 动口与动手。

（一）自选两种事物进行比较，说明并总结它们之间的共同点和不同点。

下面以本篇课文为范例展示此类文章可以选用的表达框架、切入角度及语言形式，供参考。

表达框架	文章内容	可切入的角度		可选用的语言形式
开头	选择这两种事物进行比较的理由	历史悠久 / 地位重要 / 意义特殊 / 个人喜好		有着悠久的历史；在……领域占有一席之地；是……的代表 / 源头 / 重要元素；国粹
主体	从不同角度寻找二者的共同点和不同点	用途	使用场合	舞台
			使用目的	为的是；以便；是为了；便于
		特征	材质	木制；泥制；由……制作而成

（续表）

表达框架	文章内容	可切入的角度		可选用的语言形式
主体	从不同角度寻找二者的共同点和不同点	特征	色彩	鲜艳；五颜六色
			线条或图案	夸张；弯曲；凹陷；样式
			意义	象征；表示；代表；凸显；展现
		种类	依据功能、特征及其他因素划分的类型	分类；区分
结尾	总结全文	这些共同点/不同点可能给人们带来的影响		综上所述；由此可见；总而言之

（二）制作京剧脸谱（准备材料：白色卡纸、铅笔、水彩笔等），展示和介绍成果（说明你所制作的京剧脸谱在色彩、图案的运用上有什么象征意义）。

扩展阅读与练习

中国皮影戏

古老的中国皮影戏，从出现至今已经流传了2000多年。2011年，中国皮影戏入选联合国教科文组织《人类非物质文化遗产代表作名录》。作为中国传统文化的传播工具之一，古老的皮影戏被越来越多的、来自世界各地的人所喜爱。

皮影戏起源于陕西，最早在黄河流域传播，是中国古老的戏剧形式之一。自古以来，看皮影戏都是老百姓喜闻乐见的一种娱乐形式。影戏班子在哪儿，哪儿就是最热闹的地方，哪儿就像过年一样。

皮影戏采用动物皮刻制成各种造型来表演不同的人物角色。用动物皮制成的人物、动植物或风景建筑等造型叫作皮影，其中的人物造型也叫影人。皮影制作本着就地取材的原则，各地在皮子选择和制作工艺上都不太一样：北方的皮影大多用驴皮制作，南方的皮影则多用水牛皮，湖北等地的选用素纸制作。最早的皮影由剪纸演化而来，造型精致，带镂空花纹。一个完整的皮影由头茬和身段两部分组成。皮影头茬、身段和营造影人所处环境的所有道具和景片，都要放在一个叫影戏箱的木箱里。以前皮影戏演出一般都是在户外，为了让观者看得更清楚，演出前要先在空旷的地方用木柱搭一个高台子。台子周围用布围成帐子，帐子里就是后台，里面放着戏班子的所有家当。在高台子前面的台口处会摆上一张长条桌子，桌上放上影窗，影窗就是皮影表演的舞台框。影窗最早是用白色棉纸糊成的，后来改用白布。在围帐里，靠近影窗上方的位置会挂一盏油灯，用来为皮影照明，油灯后来改成了电灯。

一般的戏剧表演，观众看到的是演员的表演；而皮影戏则不同，观众看到的是皮影的表演，真正操控皮影的演员躲在幕后。

皮影表演时，负责操控皮影的演员会让皮影按照情节发展变换造型，做出各种动作。灯光把皮影投射在影窗上，后台的演员再配上说唱、道白和音乐，一幕幕戏剧故事就这样在皮影戏台上开演了。艺人们在舞台上用皮影把故事演绎得精彩纷呈，观众们在台下欣赏得如痴如醉。

中国地域辽阔，因而各地皮影戏的表演风格和唱腔都不一样，但是本乡本土的人都能看懂、听懂自己地区的皮影戏，这是因为各地皮影戏的唱腔都是源于地方口音并以此为基础加以演绎的，和地方戏曲的唱腔极为相似。虽然风格和唱腔各异，但是每个地方一代代的皮影戏艺人都用自己精湛的演出技艺，把不同的历史角色和故事演绎得淋漓尽致。

（改编自《中国皮影戏》，作者赵红帆，广西师范大学出版社 2020 年出版）

根据短文内容完成下列练习：

1. 用动物皮制成的动植物和风景建筑叫作：

A. 皮影

B. 影人

C. 影窗

2. 跟“皮影制作本着就地取材的原则”中的“本着”意义最接近的是：

A. 根本

B. 按照

C. 本来

3. 一个完整的皮影，其构成元素有：

A. 高台、桌子、白布和灯光

B. 说唱、道白和音乐

C. 头茬和身段

4. 关于皮影戏，下面的说法正确的是：

A. 中国人只在过年的时候才看皮影戏，因为很热闹

B. 皮影戏和剪纸都属于中国传统文化，而且它们还有些关系

C. 看皮影戏时，观众既能看到皮影，也能看到控制皮影的艺人

5. 从这篇短文中我们可以猜测出：

A. 陕西人不一定听得懂湖北的皮影戏

B. 陕西人听得懂湖北的皮影戏

C. 陕西人不爱听湖北的皮影戏

语言文化小常识

京剧人物的扮相

“扮相”是京剧术语。通俗地说，就是“人物造型”。说得更详细一些，就是在一个剧中，人面部怎么化妆、头上戴什么、身上穿什么、手里拿什么都有明确的规定，不能乱来。如果演员不照着规定穿戴，那么他的扮相就错了。京剧是用歌唱和舞蹈来表演故事，人物扮相的设计也是为了适应歌唱和舞蹈。这种设计不仅关乎美学上的呈现，更深刻地影响着剧情的表达与角色的塑造。例

如，京剧中生、旦、净、末、丑各个行当的扮相各具特色，能够直观地传达角色的性别、年龄、性格、身份乃至情绪状态等信息。

京剧中的人物，最受尊敬的是关羽，因此关羽有独一无二的扮相。脸谱、帽子、胡须和兵器，都是专门为他一个人设计的。红色的脸是赤胆忠心的象征，他的眉是卧蚕眉，他的刀叫“青龙偃（yǎn）月刀”。

（改编自《京剧中的脸谱》，作者张大夏，贵州教育出版社2020年出版）

16 父亲和猫

本课学习重点

话　　题：人与自然·动物

重 点 词：在意　钻　发誓　铺　躲　搜索　安慰

语 言 点：便　沿　A的A，B的B　暗暗　趁

A得不能再A　时而……时而……

表达训练：讲述自己和某人/物之间的情感故事

热　身

1. 作为宠物，下面这些动物各有什么特点？

2. 你养过/打算养宠物吗？你认为人类养宠物的原因有哪些？

课 文

16-01

父亲和猫

夏天的一个清晨，父亲出门的时候，差点儿踩上一团白乎乎的东西，仔细一看，原来是一只白猫。它慢慢地抬起头，朝他轻轻叫了一声，声音疲惫，眼神可怜。

起初，父亲并没有在意，一只猫有什么可在意的呢？他继续往前走，白猫懒洋洋地站起来，跟在他身后。他一回头，看到了它的肚子。那一刻，父亲突然意识到了什么，跑到市场给它买来了一斤小鱼。

白猫很通人性，它感受到父亲的善意，便把这里当成了家，不再四处游荡；再后来，干脆在粮仓里找了个角落，生下了四只小猫。

当了母亲之后，那只温柔的白猫立刻变成了一个"女强人"。除了捉老鼠，它还会找"零食"补充营养。河边的鱼、天上的鸟，通通成了它的食物。它尤其擅长捉鸟，总是悄悄地靠近，然后像闪电一样扑上去，一口咬住鸟的脖子……

白猫吃得好，小猫们自然也都胖乎乎、圆滚滚的，要多可爱就有多可爱。小猫认人，别人一走近，它们就立刻钻到床底下；父亲走近时，它们不但不害怕，还在他身上蹭来蹭去。小猫们喜欢在他面前玩耍，滚来滚去，像马戏团的小丑一样。它们还发明了一个特别的游戏，沿着父亲的小腿爬上膝盖，再把身体团起来像球一样滚下来，父亲每次都被逗得哈哈大笑。

村里的人爱开玩笑，白猫生下小猫后，邻居便跟父亲说："恭喜你当外公了。"可父亲一点儿当外公的喜悦都没有。

家里也曾养过猫，后来，走的走，死的死，想起来都是一段段伤心的往事。

最后一次养的是只黄猫，有一天，它突然失踪了，三天之后，父亲在河边发现了它。阳光下，它侧着头，眼睛睁得大大的，还是那么明亮，好像没有一丝痛苦。父亲以为它还活着，叫了一声，没有回应，叫了两声，还是没有回应……父亲把它装进袋子，埋在村边的小树林里。打那天起，他就暗暗发誓不再养猫。

一天上午，趁白猫出门觅食，父亲悄悄地走进了仓库。这四个小家伙刚吃完奶，睡得正香，它们咬着粉红色的小舌头，一只紧挨着另一只。听到脚步声，它们很不情愿地睁开眼睛，只睁了一条缝儿，发出轻得不能再轻的叫声。那声音温柔极了，听得人心都要融化了。父亲轻轻地抚摸着它们，又像抱外孙一样将它们抱起来，放进纸箱。纸箱里铺了一件旧棉衣，它们在里面晃来晃去，享受极了。

白猫回家后，发现小猫不见了，立刻叫起来。起初是低声地叫，充满着母亲的温柔，它以为淘气的孩子们躲起来了。可是，声音在空荡荡的房间里消失，没有一点儿回应。它的叫声马上变了，拉得长长的，像哭了一样。它满屋子地找，声音也越来越哑。

父亲在睡午觉，白猫便跑到父亲的房间，换了一种声调叫，好像在责问，又像在哭诉。父亲假装没有听见，它犹豫了一下，跳上床，在父亲的枕头边儿躺下来，温柔地叫着，好像在说："请问，你有没有见过我的孩子？"无论它怎么叫，父亲始终没有睁开眼睛。

见父亲无动于衷，白猫便冲出房子，满村地找，边找边叫，声音悲惨极了。它仔细搜索着每一个角落、每一间屋子……依然一无所获。

那天晚上，下起了雨。雨越下越大，天和地好像都连在了一起。父亲满心愧疚，根本无法入睡，耳边总传来猫的叫声，时而是白猫悲惨的叫声，时而是小猫可怜的叫声。他看着窗外的雨，心想：它们会不会找地方躲雨？他很想出去看看，可是，这个念头只是一闪而过。父亲叹了口气，安慰自己说："不管怎么说，反正家里决不能再养猫了。"

天渐渐亮了，雨也停了。父亲起床后，像往常一样推开粮仓的门，竟然又看到了那四只圆滚滚的小东西，它们正躺在白猫温暖的肚子下。白猫抬起头轻轻地喵了一声，疲惫的眼神中还带着喜悦。昨天夜里，它居然找到了它们，并将它们一只一只地叼了回来。

父亲心头一酸，摇了摇头，轻轻退出了粮仓。

（选自《外婆家》，作者盛慧，人民文学出版社 2020 年出版，有删改）

词语表 16-02

生词	拼音	词性	翻译
1. 清晨	qīngchén	名	early morning
2. 起初	qǐchū	名	beginning
3. 在意	zài//yì	动	care about
4. 懒洋洋	lǎnyángyáng	形	lackadaisical
5. 通人性	tōng rénxìng		(esp. for non-human species) be of human nature
6. 善意	shànyì	名	good-will, kindness
7. 便	biàn	副	so, thus
8. 四处	sìchù	名	everywhere
9. 游荡	yóudàng	动	wander
10. 粮仓	liángcāng	名	granary
11. 角落	jiǎoluò	名	corner
12. 温柔	wēnróu	形	gentle
13. 圆滚滚	yuángǔngǔn	形	plump, chubby
14. 认	rèn	动	recognize
15. 钻	zuān	动	squeeze
16. 蹭	cèng	动	rub, caress
17. 玩耍	wánshuǎ	动	play

18. 马戏团	mǎxìtuán	名	circus
19. 小丑	xiǎochǒu	名	clown
20. 沿	yán	介	along
21. 膝盖	xīgài	名	knee
22. 逗	dòu	动	tickle, amuse
23. 恭喜	gōngxǐ	动	congratulate
24. 外公	wàigōng	名	maternal grandfather
25. 喜悦	xǐyuè	形	pleasant, cheerful
26. 往事	wǎngshì	名	past, bygone
27. 失踪	shī//zōng	动	disappear
28. 侧	cè	动	turn sideways
29. 睁	zhēng	动	open (eyes) or keep (eyes) open
30. 明亮	míngliàng	形	bright
31. 一丝	yìsī	数量	a little bit
32. 埋	mái	动	bury
33. 暗暗	àn'àn	副	tacitly (esp. with determination)
34. 发誓	fā//shì	动	take oath, swear
35. 趁	chèn	介	while, take advantage of
36. 家伙	jiāhuo	名	guy
37. 粉红	fěnhóng	形	pink
38. 挨着	āizhe		be next to
39. 情愿	qíngyuàn	动	be willing (to)
40. 缝儿	fèngr	名	gap, crack
41. 融化	rónghuà	动	melt, be emotionally touched
42. 抚摸	fǔmō	动	feel, touch, caress
43. 外孙	wàisūn	名	grandson
44. 铺	pū	动	put (cloth, sheet, etc.) on

45. 棉衣	miányī	名	cotton-padded coat
46. 晃	huàng	动	shake
47. 淘气	táo//qì	形	naughty
48. 躲	duǒ	动	hide
49. 空荡荡	kōngdàngdàng	形	deserted, empty
50. 声调	shēngdiào	名	tone
51. 责问	zéwèn	动	blame, accuse
52. 哭诉	kūsù	动	weep, complain tearfully
53. 无动于衷	wúdòngyúzhōng		be indifferent (to), sit by
54. 悲惨	bēicǎn	形	miserable
55. 搜索	sōusuǒ	动	search, seek
56. 一无所获	yìwúsuǒhuò		get nothing
57. 满心	mǎnxīn	副	have one's heart filled with sth.
58. 入睡	rùshuì	动	fall asleep
59. 时而	shí'ér	副	now and then, occasionally
60. 念头	niàntou	名	thought, idea
61. 一闪而过	yìshǎn'érguò		flash by
62. 叹气	tàn//qì	动	sigh
63. 安慰	ānwèi	动 形	comfort; comforted
64. 往常	wǎngcháng	名	usual
65. 喵	miāo	拟声	mew
66. 叼	diāo	动	hold in the mouth
67. 心头	xīntóu	名	heart, mind
68. 摇头	yáo//tóu	动	shake one's head

重点词

1. 在意

在意成绩　在意胜负　在意外表　在意客户的需求
对……在意　毫不在意　过分在意
在意得不得了

（1）不必过分在意成绩，那样只会给自己增加压力。
（2）很多人因为太在意外表而失去了很多快乐。
（3）以前我对控制自己的情绪毫不在意，不知不觉，伤了很多人的心。
（4）我有时候心里明明在意得要命，却非要装出不在乎的样子。

2. 钻

钻洞　钻被窝儿　钻栏杆　钻钱眼儿
钻进来　钻过去　钻到桌子下面
迅速地钻进人群　懒洋洋地钻了出来　毫不犹豫地钻了进去

（1）火车钻进了山洞，车内的光线暗了，他便把书合上，闭眼休息。
（2）那时候小伙伴们喜欢钻栏杆到隔壁院子里玩儿，只有我因为头太大钻不过去。
（3）他从小树林经过时，一个小女孩儿突然从树林里钻出来，吓了他一大跳。
（4）他最近好像钻钱眼儿里了，没日没夜地挣钱。

3. 发誓

向妈妈发誓　对天发誓
发过誓
默默发誓　暗暗发誓　一遍一遍地发誓

（1）我向好朋友发誓，一定帮她守住这个秘密。
（2）你总喜欢骗我，这一次你得对天发誓，否则我不会再相信你。
（3）你明明发过誓，不会再为爱情流眼泪，怎么又因为分手哭得稀里哗啦的？

（4）看着对手得意的表情，她在心里暗暗发誓："下场比赛，我一定会拿出自己最好的表现。"

4. 铺

铺桌布　铺路　铺床　铺地毯
一块一块地铺
铺好　铺满　铺在地上　铺得整整齐齐

（1）今天商场开业，入口处铺着红色的地毯，两侧摆着大大的花篮。
（2）她每天都把床铺得整整齐齐的，一看便知道是个爱干净的人。
（3）我们把世界地图铺在桌子上，开始在上面寻找自己的国家。
（4）先在面包上涂上番茄酱，再铺满玉米粒，最后把奶酪铺在上面。

5. 躲

躲雨　躲警察　躲过他的一巴掌
躲起来　躲不过去　躲进房间　躲一辈子
偷偷地躲起来　静静地躲在角落　及时地躲了一下

（1）看样子一会儿要下大雨，咱们得赶紧找个地方躲一躲。
（2）要不是朋友及时提醒，我不可能躲过迎面冲过来的那辆汽车。
（3）大家悄悄地躲在门口，就想等他进来时，给他一个大大的惊喜。
（4）即使我把头侧过去，也躲不开她冰冷的目光。

6. 搜索

搜索信息　搜索文件　搜索失踪者
快速搜索　全面搜索　自上而下地搜索
搜索出来　搜索了好多次　搜索得很仔细
搜索结果　搜索范围　搜索记录

（1）因为百度和谷歌是常用的搜索引擎，所以人们也常常用"百度一下""谷歌一下"来代替"搜索一下"。
（2）只要掌握了一定的搜索技巧，你就可以快速搜索到需要的资源。

（3）尽管扩大搜索范围有利于搜索到更多的信息，但是也会浪费不少时间。

（4）搜救人员在飞机失事地点搜索了几天几夜，依然没有发现遇难者。

7. 安慰

【动】安慰孩子　安慰病人　安慰自己
轻声安慰　温柔地安慰　自我安慰
安慰得了　安慰了几句
【形】感到很安慰　十分安慰

（1）有时候同样一件事情，我们安慰得了别人，却说服不了自己。

（2）他只是客气地安慰了我几句，便出门上班了。

（3）在经历了无数次失败之后，我学会了自我安慰。

（4）有女儿在身边，她感到十分安慰。

练一练：选词填空

在意　钻　发誓　铺　躲　搜索　安慰

（1）我觉得你还是应该向他道歉，争取他的原谅，难道你能（　　）他一辈子？

（2）我好不容易才把她（　　）得平静下来，哥哥的一句话又让她哇哇大哭起来。

（3）她给餐桌（　　）上新桌布，又摆好碗筷，等待着客人们的到来。

（4）她身材瘦小，在人群中（　　）来（　　）去，十分灵活。

（5）很多年轻人喜欢先在淘宝、京东之类的购物平台上（　　）同类商品，再根据价格、用户评价等决定从哪个平台购买。

（6）她一向不（　　）生日那天过得怎么样，来了多少人，收到了多少礼物。

（7）小时候，每次跟小伙伴吵完架，我都幼稚地（　　）："以后再也不跟他玩儿了！"

（8）临行前，妈妈再三嘱咐我一定要注意人身和财产安全，我嘴上答应着，可心里根本没有（　　）。到达目的地后，我和好友像放飞的鸟儿一样兴奋，迫不及待地开始了我们的探险之旅。我们第一站去参观了那个城市最古老的城堡。这座城堡历史悠久，充满了神秘感。我们（　　）进城堡的一个角落，玩儿起了（　　）猫猫的游戏。就在我们玩儿得正开心的时候，我突然发现自己的手机不见了。好友（　　）我说：“别担心，我们一定会找到的。”我们开始沿着原路返回，仔细（　　）每一个角落。终于，在一个（　　）着波斯风格地毯的房间里，我发现了丢失的手机。那一刻，我感到自己无比幸运，因为几乎每一次旅行我都会弄丢东西，可从来没有找回来过。我觉得这座城堡是自己的福地，（　　）以后一定要跟心爱的人再来一次。

语言点

1. 便

副词。表示两件事紧接着发生，常用在承接复句“一……便……”“刚……便……”中；多用于书面表达。例如：

（1）抬头看到爸爸严厉的眼神，他便不再出声了。

（2）老师把论文写作的注意事项讲完后，大家便明白哪些问题是需要特别重视的。

（3）他是典型的工作狂，一工作起来便把家人都抛在了脑后。

（4）我躲在门后，头刚伸出去，便被妹妹发现了。

练一练：用“便”完成下列句子

（1）我们一拿到试卷＿＿＿＿＿＿＿＿＿＿＿＿＿＿＿＿＿＿＿＿。

（2）天刚亮，＿＿＿＿＿＿＿＿＿＿＿＿＿＿＿＿＿＿＿＿＿＿＿＿。

（3）这个产品很受消费者欢迎，刚上市＿＿＿＿＿＿＿＿＿＿＿＿＿。

（4）你仔细看一看新机器的使用说明书，遇到问题时＿＿＿＿＿＿＿＿。

2. 沿

介词。表示经过的路线，后面可加“着”。例如：

（1）夏日的傍晚，我们一家习惯沿（着）湖边散步，边走边聊。

（2）从学校出发，沿（着）高速路向北行驶50多公里就可到达八达岭长城。

当“沿”后的名词短语音节较长或是表达抽象意义时，“沿”后必须加“着”。

例如：

（3）我沿着他指的路走，很快就找到了北京语言大学。

（4）她没时间等电梯，一路冲上楼，沿着长长的走廊跑进了 419 房间。

（5）你沿着这个方向思考，肯定能找到答案。

练一练：用“沿（着）”完成下列句子或对话

（1）晚饭后，我和朋友喜欢____________________。

（2）____________________有不少酒吧和咖啡馆。

（3）A：地铁站离这儿远吗？

B：不远，____________________。

（4）A：请问，学校图书馆怎么走？

B：____________________。

3. A 的 A，B 的 B

固定格式。A 和 B 语义相反或相近，可以是形容词、动词或动词短语；表示“有的 A，有的 B”，常用来具体、生动地描写某一事物、状态或情景。例如：

（1）我翻了一下姐姐的衣柜，发现衣服大的大，小的小，没有一件适合我的。

（2）聚会时，大家唱的唱，跳的跳，笑的笑，房间里充满了欢乐的气氛。

（3）现在是课间休息时间，同学们说话的说话，睡觉的睡觉。

（4）周末，我们看电影的看电影，玩儿游戏的玩儿游戏，过得都非常愉快。

练一练：用“A 的 A，B 的 B”完成下列句子或对话

（1）刚进入三月，校园里的花便开了，________________，好看极了。

（2）听到老师说“排队打疫苗”，小朋友们吓得________________，场面一片混乱。

（3）放假了，同学们________________，校园里静悄悄的。

（4）A：你怎么不吃啊？

B：这些菜________________，没有一个我爱吃的。

4. 暗暗

副词。表示“在暗中或私下里，不显露出来”。例如：

（1）听完小伙子的发言，领导暗暗吃惊，没想到这个年轻人能有这么深刻的思想。

（2）看着她一天比一天瘦，家人和朋友都暗暗为她的健康担心。

（3）他发现这个领域还有许多问题需要解决，便暗暗下了决心：一定要做出点儿成绩！

（4）她因为一些小事被妈妈批评了一顿，趴在枕头上暗暗流泪，第二天眼睛都肿了。

练一练：用“暗暗”完成下列句子

（1）妈妈因为工作太忙，总是没时间陪我，我常常躲在角落____________。

（2）孩子就要一个人去留学了，____________________________。

（3）输了比赛后，________________________：明年我一定要赢回来！

（4）这么厚的一本汉语小说他都读完了，我不禁____________________。

5. 趁

介词。表示利用条件或机会；“趁”后可加“着”。例如：

（1）连着下了好几天雨，趁（着）晴天我得赶紧把衣服洗了。

（2）咱们应该趁（着）年轻多学点儿知识和技术。

（3）趁（着）还没到交卷时间，我把试卷又从头到尾检查了一遍。

（4）小偷儿趁（着）我跟朋友聊天儿，偷走了我的钱包。

当“趁”后是单音节形容词时，后面可不加“着”，常用的有“趁早、趁热”。例如：

（5）考试就在十二月底，咱们应该趁早准备。

（6）饺子趁热才好吃。

（7）那伙人趁黑逃走了。

（8）黄金交易者都是趁低买入、趁高卖出。

练一练：用“趁（着）”完成下列句子或对话

（1）______________________________，我们先把房子的订金付了吧。

（2）我______________________________________偷偷钻到了床下。

（3）A：咱们为什么要这么早出发啊？

B：____。

（4）A：这个假期你打算回国吗？

B：______________________________。

6. A得不能再A

固定格式。其中的A主要为形容词，表示程度极高。例如：

（1）时间真是快得不能再快了，去年过年好像还是不久前的事，转眼又要到春节了。

（2）老师说必须把这些汉字练得熟得不能再熟，这样才不会提笔忘字。

（3）我们要学着在每一个平常得不能再平常的日子里寻找快乐和幸福。

（4）能把每一句普通得不能再普通的话说成笑话，这才是真正的幽默！

练一练：用“A得不能再A”完成下列句子或对话

（1）他的房间______________________，连脚都没有地方放了。

（2）为了减肥她已经一个月没吃主食了，现在______________________。

（3）A：我穿这双凉鞋好看吗？要不要换一双？

B：______________________，不用再换了！

（4）A：十多年没回家乡了，心情怎么样？

B：______________________________。

7. 时而……时而……

并列复句。表示两件不同的事情在一定时间内交替发生。例如：

（1）小宝宝情绪很不稳定，时而哭，时而笑。

（2）这儿的天气变来变去，时而晴天，时而下雨。

（3）老人时而清醒，时而昏迷，家人的心一刻也不敢放下。

（4）这部电影情节非常精彩，时而让我哈哈大笑，时而让我忍不住流泪。

练一练：用“时而……时而……”完成下列句子

（1）外面的雨______________________，始终没有停。

（2）房间里______________________，外面的人不知道到底发生了什么事。

（3）小李尤其擅长讲故事，大家听得______________________。

（4）大起大落的比赛过程让他们______________________。

课文理解与表达训练

1. 根据课文内容回答下列问题。

（1）父亲是怎么遇到那只白猫的？遇到它时，它是什么样子？

（2）父亲对白猫的态度发生了怎样的变化？为什么？

（3）白猫为什么不再四处游荡了？

（4）当了母亲之后，白猫有哪些变化？“女强人”是什么意思？

（5）白猫一家与父亲相处得怎么样？从哪里可以看出来？

（6）父亲为什么发誓再也不养猫了？

（7）父亲趁白猫出门做了什么？他为什么要这样做？你觉得他当时的心情是怎样的？从哪里可以看出来？

（8）送走小猫的那天晚上，父亲是怎样度过的？

（9）再次见到白猫一家，父亲为什么“心头一酸，摇了摇头”？

2. 白猫发现小猫不见了，有哪些反应？请根据课文内容填写下面的表格并复述白猫的反应（注意关联词语的使用）。

情况	白猫的反应
发现小猫不见了	
小猫没有一点儿回应	
父亲在睡午觉	
父亲假装没听见	
父亲无动于衷	

3. 动口与动手。

生活中是不是有一些人、动物或者事物（比如儿时的玩具、朋友送你的礼物、旅游纪念品等等）在你心中占有重要的地位？你对他们 / 它们有哪些特殊的情感？请讲述你和这个人、动物或者事物之间的故事。

扩展阅读与练习

儿子

上弦月正挂在天边，月光如流水一般从窗口洒进屋里。已是夜半时分，刘大妈独自坐在床上没有开灯，这让屋子里更增添了几分神秘感。

屋子里很静，刘大妈絮絮叨叨的话听得分外清楚。

“儿子，你爸走了有多久了？你还记得吗？

“我想你肯定会记得的，他最喜欢你了，啥好吃的都给你买，有时候我看见都犯馋。说实话吧，我喜欢吃的，有时候他还不一定给我买呢！

“儿子啊，你姐这会儿在美国应该是开始上班了吧？她忙啊，也顾不上给妈打个电话。真是难为她了，一个女孩子跑到那么远的地方，还要上班挣钱，还要读书学习，也是不容易啊！

“儿子啊，我最生你老姨的气了！这次拆迁改造，她为了你姥爷的那一间房子，把你姥爷气得差点儿背过气去。你妈说她几句吧，你看她那个厉害的，这一个多月了，没有再理过我。原来吧，隔三岔五还过来跟你妈聊聊天儿，还看看你，逗你玩儿一会儿。想起来也真是，你也挺喜欢你老姨的，躺在她怀里，懒洋洋的，还撒娇呢。——唉，人的心眼儿怎么就那么小呢？都是让钱给闹的！

“儿子，冰箱里还有剩饭呢，妈的饭量现在怎么这么小了呢？每次你老姨一家人来了，即便是做一桌子饭菜，几个人总是风卷残云，一会儿盘子就见底儿了。

“儿子，隔壁李大妈这两天心脏病又犯了，她儿子也不知道把他妈接走去他们家住一段时间，把老太太孤零零一个人扔在这里，万一哪天有个三长两短怎么办啊？

“儿子，楼下社区工作站办了个葫芦丝培训班，听说教吹葫芦丝的老黑原来是哪个乐团的，葫芦丝吹得可好了！每次他吹给我们听的时候，我们一帮大爷大妈个个手舞足蹈的，你妈是不是也该去报个名凑个热闹啊？反正也不收费，不用花钱。

“儿子，楼下又在给灾区捐衣物呢。听说南方发大水，灾区的老百姓缺衣少穿的，咱家里有的衣服也穿不着，是不是给捐出去啊？对了，那床新被子也捐出去吧，妈也用不着，在妈这里放着不如捐给灾区更有用。

“儿子，社区文化站的小李说要举办健身操比赛，我看我就别去了。妈这身子骨儿恐怕不行啊，再说了，参加比赛时穿的那身衣服也忒新潮了吧，多让人难为情啊！

“儿子，我看楼下的秧歌队办得挺好的，那红绸子舞起来可好看了，跳秧歌的人那一身打扮挺喜庆的，妈准备也参加一下，到时候把你放在一边看妈是怎么跳的、怎么美的。你可别乱跑啊，你要是跑丢了，妈的日子可怎么过啊？儿子，你说是不是？”

刘大妈絮叨了半天，抬起头来，看见它这一会儿竟然打起了呼噜，便气呼呼地朝它屁股上拍了一下：“儿子，怎么不听妈说话呢？”

“汪汪——”

“唉，还敢跟妈发脾气呢！”

“呜——”它仿佛有些委屈了，弓着身子，打了个哈欠，口水差点儿没流出来，懒洋洋地睁开眼睛望着她。唉，都深更半夜了，困啊！

这时，刘大妈的眼里竟湿润了。她伸开双手心疼地把它抱在怀里，几滴泪水悄然落在它的身上。

（选自《北京文学·精彩阅读》2020年第1期，作者马克，有删改）

根据短文内容完成下列练习：

1.“隔三岔五还过来跟你妈聊聊天儿”中“隔三岔五”的意思是：

A. 隔几天

B. 周三和周五

C. 周三或周五

2.“都是让钱给闹的”在文中表达的是：

A. 因为没有钱，所以大吵大闹

B. 因为钱的缘故，闹了矛盾

C. 为了抢钱大吵大闹

3. 下面的说法正确的是：

A. 刘大妈不想念女儿

B. 刘大妈的丈夫去世了

C. 现在只有儿子陪在刘大妈身边

4. 从这篇短文中我们可以知道：

A. 刘大妈其实很担心自己发生意外

B. 刘大妈内心很希望能有人陪陪自己

C. 刘大妈报名参加了葫芦丝培训班

5. 在刘大妈的生活中，“儿子”扮演着怎样的角色？

语言文化小常识

猫蝶（dié）图

在中国传统文化中，庆祝老年人的生日有很多讲究，其中赠送《猫蝶图》便是一种富含深意的习俗。“猫蝶”与“耄耋”（màodié）谐音。“耄”通常指八九十岁的年纪，“耋”指七八十岁的年纪。“耄耋”一词常被用来尊称年高德劭（shào）的长者。

《猫蝶图》描绘了猫与蝴蝶嬉戏的温馨画面，场景生动和谐，寓意着勃勃生机与悠然乐趣。在中国文化中，蝴蝶象征着长寿与美好，而猫则是深受人们喜爱的宠物。将二者巧妙地融合于画卷，不仅在视觉上给人以美的享受，更在文化层面上传递了对长辈的崇高敬意与衷心祝福。

17 抱团儿养老

本课学习重点

话　　题： 社会现象
重 点 词： 回避　花费　分担　引发　模式　融入
语 言 点： 日益　所谓　一同　特意　据　虽……但……
表达训练： 阐述某种社会现象背后的原因

热　身

1. 请尽可能详细地描述下面两幅图片中的景象以及画面中人物的心理活动。

2. 在中国人的传统观念中，“儿孙满堂”“享受天伦之乐”是令人向往的老年生活；现如今，“空巢老人”逐年增多。发生这种变化的原因有哪些？

课 文

17-01

抱团儿养老

随着人口出生率的下降和预期寿命的延长，老年人口规模大、增速快、高龄化的特征日益凸显。这是一个无法回避的世界性问题。

中国人的传统观念是“养儿防老”。过去，老年人大都与子女生活在同一屋檐下；而根据最新的调查统计[①]，一个人居住或与配偶同住的老年人比重已超六成，即使是80岁以上的高龄老人，独自居住的比重仍达48%。

老年人由于年老和退出工作岗位，加上有相当一部分老年人的子女不能长期陪伴左右，心里不免会产生失落感和孤独感，因此寻求精神安慰的意愿非常强烈。近年来，一种新型的养老方式——抱团儿养老正在兴起，为解决养老问题提供了新思路。所谓抱团儿养老，是指至少两个有着共同兴趣爱好的老人，不依靠子女，离开传统家庭，搬到其他地方一同居住，平日聊聊天儿、喝喝茶、下下棋，偶尔出去旅行，日常彼此照顾，既减轻了子女的负担，又消除了失落感和孤独感。老年人独自生活，一日三餐不但花费时间和精力，剩菜剩饭也浪费不少粮食。多人一起生活，在一定程度上可以避免这些问题。大家可以分担生活费用，降低人均生活成本。

然而，一千个人可能有一千种生活习惯，大家虽然平日里关系很要好，但真正生活在一起，时间久了便可能引发矛盾。都说“距离产生美”，偶尔聚在一起会有“酒逢知己千杯少”的感觉，假如天天在一起，就可能事与愿违了。上海曾有22位老人合伙买下了一栋房子，重新装修后抱团儿养老。15年后，他们却不欢而散。

---

① 数据来自贝壳研究院发布的《2021社区居家养老现状与未来趋势报告》。

现如今，抱团儿养老在中国又出现了一些新方式。

有一种"候鸟式"的抱团儿养老方式近年来很流行。根据季节的变化，一群老年人特意选择一些气候适宜的居住地去旅居。比如，夏季到沈阳、长春等东北城市避暑，冬季则到海南、贵州等地避寒。这种方式具有养老与旅游相结合的特点，因而又称"旅居式养老"。大家到了一个陌生的地方，比往常更需要互相照顾，彼此关心；又因为多数人采取"候鸟式"居住模式，抱团儿时间短，产生的问题相对也会少一些。

还有一种新方式是"和年轻人抱团儿"。杭州曾推出名为"多代同楼"的养老服务，参与项目的年轻人只要每月付300元的租金，就能住进养老院里的套房，相应的要求是每个月都要参加助老志愿服务。据有关人员介绍，这是一种新型的抱团儿养老服务模式改革，主要是通过增加年轻人和老年人的社交机会，重新点燃老年人的生活热情，让他们主动参与生活、融入社交圈。目前来看，效果还不错。

除此之外，一种名为"时间银行"的抱团儿养老模式也逐渐兴起。所谓"时间银行"，就是不同年龄段的人互相抱团儿，相对年轻、健康的"小老人"帮"老老人"做做家务，攒"时间币"，等自己年纪大了之后，用这些时间币获取晚年相应时长的照顾。这种模式让互助养老得到了良性循环，毫无疑问，也是一个不错的选择。大家趁着手脚灵活，既锻炼了身体，又帮助了他人，还获得了一定的晚年护理保障。

上述几种新型抱团儿养老方式大多处于试验和探索阶段，虽离全国普及还有些距离，但也为老年人的养老生活提供了更多选择。"老有所养"① 是中国古人描绘的理想生活，也是我们当前的共同追求。毕竟，每个人都有老的那一天。

（改编自《抱团儿养老，这些新方式值得期待》，来自微信公众平台"老年日报"）

---

① 出自《礼记·礼运》，原文是"故人不独亲其亲，不独子其子。使老有所终，壮有所用，幼有所长，鳏寡孤独废疾者，皆有所养"。

词语表 17-02

生词	拼音	词性	翻译
1. 抱团儿	bào//tuánr	动	band together
2. 养老	yǎng//lǎo	动	support the elderly
3. 率	lǜ	后缀	ratio
4. 寿命	shòumìng	名	life span
5. 增速	zēngsù	动	speed up, accelerate
6. 高龄	gāolíng	形	aged
7. 日益	rìyì	副	increasingly
8. 回避	huíbì	动	avoid
9. 养儿防老	yǎng ér fánglǎo		raise children to provide for one's old age
10. 同一	tóngyī	形	same
11. 屋檐	wūyán	名	eave
12. 配偶	pèi'ǒu	名	spouse
13. 成	chéng	量	one tenth (as ten percent)
14. 陪伴	péibàn	动	accompany
15. 失落	shīluò	形 动	lost, disappointed; feel lost
16. 孤独	gūdú	形	lonely
17. 意愿	yìyuàn	名	will
18. 近年来	jìnnián lái		in recent years
19. 兴起	xīngqǐ	动	spring up, rise
20. 思路	sīlù	名	thought
21. 所谓	suǒwèi	形	so-called
22. 一同	yìtóng	副	together
23. 平日	píngrì	名	weekday, ordinary days
24. 聊天儿	liáo//tiānr	动	chat
25. 下棋	xià//qí	动	play chess
26. 餐	cān	量	regular meal

27. 花费	huāfèi	动	spend
28. 分担	fēndān	动	share
29. 人均	rénjūn	动	average
30. 成本	chéngběn	名	cost
31. 要好	yàohǎo	形	close (as between friends, neighbors, etc.)
32. 引发	yǐnfā	动	trigger
33. 逢	féng	动	meet
34. 知己	zhījǐ	名	confidant, intimate friend, bosom friend
35. 事与愿违	shìyǔyuànwéi		things go contrary to one's wishes
36. 合伙	héhuǒ	动	form a partnership
37. 不欢而散	bùhuān'érsàn		break up in discord
38. 候鸟	hòuniǎo	名	migratory bird
39. 式	shì	后缀	-typed
40. 特意	tèyì	副	deliberately
41. 适宜	shìyí	形	suitable
42. 旅居	lǚjū	动	sojourn
43. 避暑	bì//shǔ	动	avoid summer heat (esp. by going to cooler places or resorts)
44. 模式	móshì	名	mode
45. 相对	xiāngduì	形	relative
46. 推出	tuīchū	动	launch, introduce
47. 租金	zūjīn	名	rent
48. 养老院	yǎnglǎoyuàn	名	geracomium
49. 套房	tàofáng	名	suite
50. 相应	xiāngyìng	动	correspond
51. 据	jù	介	according to
52. 有关	yǒuguān	动	be concerned with, have sth. to do with
53. 改革	gǎigé	动 名	reform; reformation

54. 点燃	diǎnrán	动	ignite
55. 融入	róngrù		blend into
56. 除此之外	chúcǐzhīwài		besides
57. 晚年	wǎnnián	名	later life
58. 互助	hùzhù	动	help each other
59. 良性	liángxìng	形	benign, positive
60. 循环	xúnhuán	动	cycle
61. 毫无	háo wú		nothing at all, completely not
62. 手脚	shǒujiǎo	名	hand and foot
63. 护理	hùlǐ	动	nurse
64. 保障	bǎozhàng	动 名	guarantee
65. 探索	tànsuǒ	动	explore
66. 古人	gǔrén	名	ancient people
67. 描绘	miáohuì	动	describe
68. 当前	dāngqián	名	present

专有名词		
1. 沈阳	Shěnyáng	Shenyang (capital of Liaoning Province)
2. 长春	Chángchūn	Changchun (capital of Jilin Province)
3. 海南	Hǎinán	Hainan (Province)
4. 杭州	Hángzhōu	Hangzhou (capital of Zhejiang Province)

重点词

1. 回避

回避问题　回避风险　回避父亲的视线
主动回避　适当回避　难以回避　无法回避
回避过去　回避不了

（1）她性格内向，也没什么朋友，所以常常有意回避各种社交场合。
（2）对于一些不想立刻回答的问题，要学会巧妙回避，而不是直接拒绝。
（3）这是一场全球范围的大竞争，任何国家、任何民族都回避不了。
（4）他以为这样做就可以把这个关键问题回避过去。

2. 花费

花费体力　花费时间　花费大笔资金　花费心思
随意花费　平均花费
花费掉　花费得不多　花费得起　花费不了

（1）我们在这项工程上已经花费掉太多的人力和物力，必须及时止损。
（2）我不想在这种无聊的事情上花费心思。
（3）某专业机构对中国50个城市的上班族路上平均花费的时间进行了排名，北京居首。
（4）她不停地劝我："这花费不了你多少时间，你就跟我们一起去参加聚会吧。"

3. 分担

分担费用　分担任务　分担责任　分担风险
主动分担　合理分担　共同分担　相互分担
分担一下　分担不了

（1）十岁后，他便开始主动帮父母分担家务，减轻了父母的负担。
（2）两个人分担一份痛苦，那每个人就只有半份痛苦；两个人分享一份快乐，则每个人都有一份快乐。
（3）这次的培训费由单位和个人共同分担。
（4）最近我工作量猛增，不得不找个人来一起分担。

4. 引发

引发矛盾　引发心脏病　引发关注　引发讨论
直接引发　再次引发　容易引发
由……引发

（1）失业问题如果处理不好，容易引发一系列社会问题。
（2）根据调查，三成的高血压和两成的心脏病都是由不良睡眠引发的。
（3）这条新闻发布出去以后在社会上迅速引发了一场大讨论。
（4）这场大地震直接引发了海啸。

5. 模式

发展模式　消费模式　合作模式　教学模式　经营模式
固定的模式　科学的模式　独特的模式
转换模式　采用不同的模式　尝试全新的模式

（1）你只需把手机反过来放在桌面上，系统就自动变成静音模式。
（2）飞机即将起飞，请将移动通信设备设置为飞行模式。
（3）线上教学是与线下教学完全不同的教学模式，教师和学生都需要一段时间适应。
（4）为了满足日益多样化的需求，餐饮业开始积极尝试新的经营模式。

6. 融入

融入社会　融入大自然　融入国际市场　融入……圈子
深深地融入　进一步融入　主动融入　无法融入
融入不了　融入得很快

（1）他虽然刚转来这里，但很快就融入班级了。
（2）我无论如何努力，都感觉自己无法融入这个圈子。
（3）这部由好莱坞（Hollywood）拍摄的电影，融入了许多中国元素。
（4）周末她喜欢去公园、郊区走走，融入大自然，感受生活的美好。

练一练：选词填空

回避　花费　分担　引发　模式　融入

（1）学好语言是（　　）当地生活的第一步。
（2）有人说，恋爱与结婚是完全不同的生活（　　）。
（3）从今以后，我与你一同（　　）这些压力，你不用再独自承担了。

（4）欧美人认为，与人交谈时目光注视对方表示关注和尊敬；而亚洲和非洲一些国家的人则认为，视觉会影响听觉注意力，他们用（　　）目光的方式来表达对他人的尊重。

（5）为了照顾这些小宠物，他（　　）了不少时间和心血。

（6）司机一旦出现问题，车辆就会失去平衡或控制，从而（　　）事故。

（7）人类内心深处渴望（　　）群体，这是我们作为群居动物的本能。然而，在人与人交往的过程中，总会出现各种问题。这些问题可能使人际关系变得紧张，甚至导致破裂。出现问题时，人们往往选择逃避，但（　　）并不能解决问题，反而可能使问题变得更加复杂。如果小问题得不到及时解决，积少成多，最终会（　　）更大的矛盾。因此，我们需要（　　）一定的时间和精力进行沟通，努力理解并尊重对方的想法和观点。虽然建立良好的人际关系没有固定的（　　），但相互的理解与支持无疑是最关键的。我们要一起分享成功的喜悦，共同（　　）失败的痛苦，只有这样，才能真正建立起深厚的人际关系，实现共同成长和发展。

语言点

1. 日益

副词。表示“一天比一天更加”；后面要带双音节形容词或动词；多用于书面表达。例如：

（1）地球上的“白色污染”日益严重。

（2）自从奥运会夺冠之后，他在训练上日益懈怠，竞技水平大不如前。

（3）“工作在市区，生活在郊区”日益成为时尚。

（4）随着国庆旅游“黄金周”的日益临近，各种旅游产品开始悄悄涨价。

练一练：用“日益”与括号内的词语完成下列句子

（1）自 1971 年两国正式建立外交关系以来，双方友好交往____________，合作领域不断扩大。（增多）

（2）种种因素导致各城市间居民生活水平的差异________________。（扩大）

（3）现在抖音之类的小视频__________，丰富了普通人的日常生活。（流行）

（4）全球变暖问题______________________________________。（关注）

2. 所谓

形容词。意思是“所说的”；多用于提出需要解释的词语，后面常用“（就）是、（就）是指”引出解释或说明；多用于书面表达。例如：

（1）所谓 HSK，是指中文水平考试。

（2）所谓“996”，是一种工作制度，指早上 9 点上班，晚上 9 点下班，每周工作 6 天。

（3）所谓事与愿违，就是事情的发展跟主观愿望相反。

（4）所谓坚持，是说在任何情况下都不放弃。

练一练：用“所谓”解释下列词语

（1）“女强人”指什么样的人？

____

（2）“养儿防老”是什么意思？

____

（3）什么是“网红”？

____

（4）什么是“空巢老人”？

____

3. 一同

副词。意思大致相当于“一起”，表示同时同地做某事；多用于书面表达。例如：

（1）跟自己喜欢的人一同迎接新年的到来，那是多么美好的一件事啊！

（2）我们四人随李经理一同前往上海某公司进行考察。

（3）与她一同参加工作的同学、同事大都走上了管理岗位，而她仍坚持在教学岗位上。

（4）家长要经常对自己的思想和行为进行反思、调整，尽量做到和孩子一同成长。

练一练：先写出下列加点词语的书面语体形式，再用“一同”改写句子

（1）我现在还能想起来我们小时候一起玩儿的样子。

想——________　　玩儿——________

样子——________

改：________________________________

（2）每到过年，我都跟爸妈一起去看奶奶。

到——________　　过年——________

爸妈——________　　看——________

改：________________________________

（3）（主持人在台上说）我要请几个观众到台上来一起尝尝这个厨师做的菜。

要——________　　请——________

个——________　　到台上来——________

尝尝——________　　做——________

菜——________

改：________________________________

（4）一起来看杂技表演的外国朋友说："我从来没看到过这么好看的表演！"

来——________　　看——________

朋友——________　　说——________

从来——________　　看到——________

这么——________　　好看——________

改：________________________________

4. 特意

副词。表示动作行为是为了某种目的专门进行的；意思、用法相近的还有"特地"。例如：

（1）这是房东特意给你送来的，别忘了去谢谢人家。

（2）六月底，我父母将特意从国外飞来参加我的毕业典礼。

（3）他知道我此刻的心情有多么绝望，所以特意跑来安慰我。

（4）为了给他一个惊喜，我特意在网上搜索了他家乡美食的做法，给他做了一桌子饭菜。

练一练：用"特意"完成下列句子或对话

（1）李明今天第一天上班，________________________________。

（2）为了准备期末考试，______________________________。

（3）A：我明天下班过来给你修一下电脑吧。

B：我已经修好了，______________________________。

（4）A：你怎么看起来一副没睡醒的样子？

B：我偶像的演唱会门票零点开抢，____________________。

5. 据

介词。表示“根据、依据”；“据”及其后面的宾语一起构成介词短语，说明得出某种结论的依据；多用于书面表达。例如：

（1）据估计，北京的高温还将持续一段时间。

（2）据有关部门统计，冬季降雪期间，市内交通事故的发生率要比平时增加50%左右。

（3）据警方掌握的资料，上当受骗的多为年过六十的老人。

（4）这个问题据我看并没有那么复杂，很容易解决。

（5）据医生说，爷爷还得留院观察一段时间。

（6）据我了解，他离开这座城市已经很久了。

练一练：

（一）选择合适的词语与“据”搭配并完成对话

了解　　观察　　统计

经理：下面我介绍一下2021年我们商场的手机销售情况。________，2021年销量前三的手机品牌是vivo、OPPO和苹果，前两个在我们商场手机品类总销量中的占比都超过了20%。

记者：您觉得vivo和OPPO销量居前的原因是什么？

经理：________，消费者选择它们，主要还是因为它们在价格上有优势。

记者：但是，________，在大学校园里，还是用苹果手机、华为手机的学生更多。

经理：当然，如果要区分消费群体，统计结果肯定会有所不同。

（二）用“据”完成下列对话

五一期间热门旅游城市 TOP5

排名	旅游城市	接待人数 / 万人次
1	北京	1939.4
2	上海	1564.5
3	昆明	1332.9
4	西安	1330.5
5	广州	1103.8

（图 1）

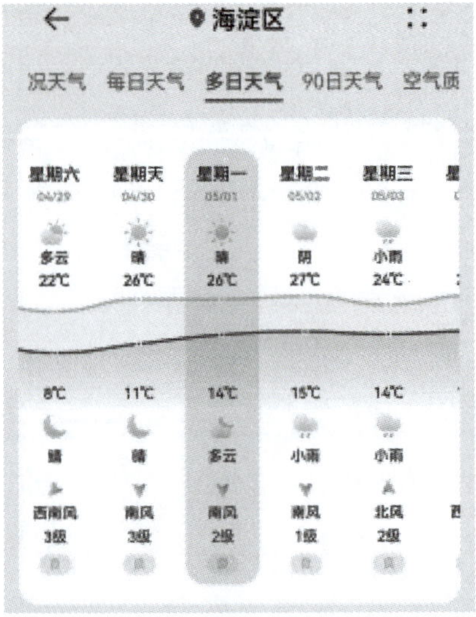

（图 2）

A：今年五一假期，最热门的旅行目的地是哪里？

B：____。（根据图 1 回答）

A：我打算去北京看朋友，他住在海淀区，那里五一期间的天气怎么样？

B：____。（根据图 2 回答）

A：你们班五一假期打算出游的学生多吗？

B：____。

（三）用“据”或“根据”完成下列句子

（1）________我的看法，这件事情还需要进一步调查。

（2）________可靠消息，学校计划在未来几个月内推出一系列创新实践类项目。

（3）当时我不在现场，但________在场的人说，事故发生后，120 救护车在五分钟内就赶到了现场。

（4）你的论文要________指导老师的意见修改。

6. 虽……但……

转折复句。意思同“虽然……但是……”；“虽”只能用在主语后；除了“但”，“却、可、也”等也可以与“虽”呼应；多用于书面表达。例如：

（1）这次比赛我虽未获得任何奖项，但重新认识了自己。

（2）事情虽小，造成的影响却极大。

（3）奶奶九十岁了，手脚虽不灵活，可脑子清楚得很。

（4）我虽极力劝说，也未能改变他的决定。

练一练：连词成句

（1）他　启发　句句　话　多　却　不　给　人　虽

______

（2）多　钱　重要　也　不　一份　是　虽　收入　的

______

（3）但　满意　不　可以　令人　虽　还　接受　成绩

______

（4）面积　这　布置　家　虽　实在　可　得　怎么样　咖啡馆　大　不

______

课文理解与表达训练

1. 根据课文内容回答下列问题。

（1）老年人口的特征是什么？是什么导致了这一特征？

（2）在中国，老年人的生活跟过去相比，发生了什么显著的变化？

（3）为什么老年人容易感到失落和孤独？他们希望得到什么？

（4）什么是“抱团儿养老”？它有哪些好处？又会带来什么问题？

2. 近年来，在中国兴起了哪几种新的抱团儿养老方式？请先按照示例填写下面的表格，再根据填写的提示词进行成段表达。开展小组讨论，说说这些新方式可能引发的新问题。

抱团儿养老新方式	解释（使用“所谓”）	新方式的好处	可能引发的问题（你的观点）
候鸟/旅居式养老	特意　适宜 夏季　冬季	陌生　照顾 关心　引发	

3. 动口与动手。

介绍你们国家或地区的主要养老方式或有特色的养老方式，并试着分析老年人选择这（几）种养老方式的主要原因。

下面的表达框架和切入角度可以帮助你展开论述：

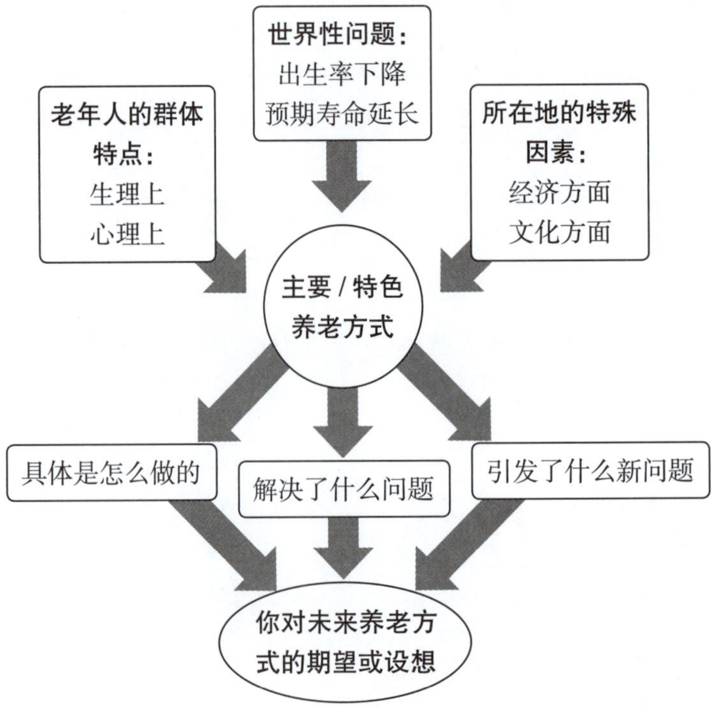

扩展阅读与练习

当世界开始“变老”

联合国人口司发布的《世界人口展望（2017）》报告（World Population Prospects 2017）的数据显示，60 岁及以上人口的数量将从 2017 年的 9.62 亿增至 2050 年的 21 亿，增加一倍以上。显而易见，全球人口正步入老龄化阶段，老龄化也毋庸置疑地成为 21 世纪最突出的社会发展趋势之一。同时，老龄化问题给社会保障、劳动力就业、健康医疗、公共服务等各领域都带来了巨大影响和挑战。

为了更好地应对老龄化问题，各国政府陆续出台和推进各种政策与措施，并持续改进和完善；学者、专家、研究机构从各方面对现状、趋势、对策等进行研究；各路媒体也报道、解读着关于“老龄化”的新闻和话题……世界民众又是怎么看待老龄化的呢？Ipsos MORI 团队于 2018 年 8 月至 9 月期间，对全球 30 个国家的 20788 名 16—64 岁的受访者进行了一次调研。

对于变老这件事，全球 64% 的受访者表示不太向往或完全不向往，只有 33% 的受访者表示非常向往或在一定程度上向往。其中，最不想变老的国家是匈牙利（87%）和日本（87%），而印度和土耳其则是最期待变老的国家，分别有 73% 和 67% 的受访者表示向往。中国向往老龄的受访者为 51%，不向往的占 46%，这两种态度的持有率相对比较平衡。（如图 1 所示）

《世界人口展望（2017）》报告数据还显示，1990—1995 年出生的全球人口平均预期寿命是 64.6 岁；2015—2020 年出生的人，平均预期寿命则上升到了 71.9 岁；而 2095—2100 年出生的人，他们的平均预期寿命将高达 82.6 岁。平均预期寿命的延长，也影响着我们对“老”的界定。

那么，多大年龄算老呢？66 岁是全球受访者认为可以被定义为老年人的平均年龄。来自西班牙、智利、哥伦比亚、阿根廷、比利时、意大利和墨西哥这几个国家的受访者认为 70 岁及以上才是老年人，其中西班牙受访者认为 74 岁及以上才是老年人。另外，来自秘鲁的受访者认为老年人的年龄是 69 岁及以上。可见，南美人在 30 个被调研国家的民众中表现得更“不服老”。（如图 2 所示）

哪些国家和地区的人担心变老呢？52% 的全球受访者表示担心变老。巴西（72%）、中国（71%）、俄罗斯（63%）是最担心变老的国家，其他大部分国家也都有 43% 以上的受访民众对变老表示担忧。在所有被调研国家中，只有韩国显得“非主流”，其 16% 的担心率远低于其他国家。（如图 3 所示）

年轻人是否需要照顾老年人？来自不同国家、不同文化背景的受访者对此有着不同的看法。在被问到“你是否认同照顾年迈的亲人是年轻人的工作？”

时，全球57%的受访者表示认同，其中认同率最高的是中国（82%），比第二高的马来西亚（76%）和哥伦比亚（76%）高出6个百分点。但和我们一样深受儒家文化影响的韩国和日本，对此问题的认同率都仅有23%，排在所有被调研国家的最后。同时，认同率低于50%的国家还有澳大利亚（48%）、加拿大（44%）、英国（42%）、比利时（39%）、法国（39%）和瑞典（24%）这些传统的西方发达国家。（如图4所示）

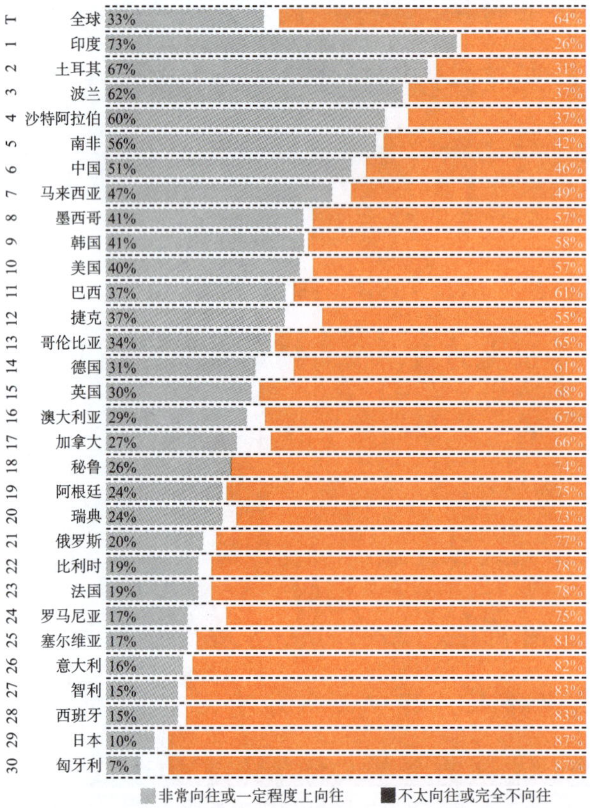

基数：全球30个国家共20788名年龄在16—64岁的线上受访者，2018年8月24日至9月7日。

图1 “是否向往变老？”的调查结果

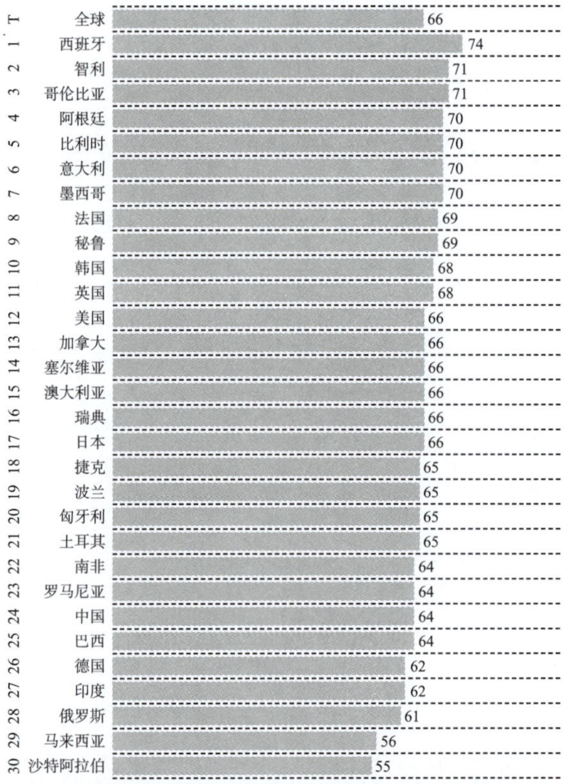

基数：全球30个国家共18262名年龄在16—64岁的线上受访者，2018年8月24日至9月7日。

图2 “什么年纪算老年？”的调查结果

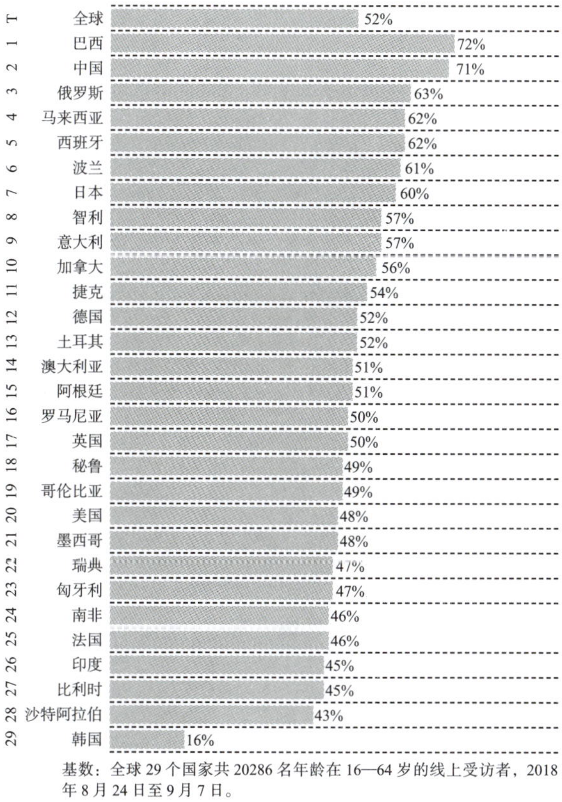

图 3 “是否担心变老？”的调查结果

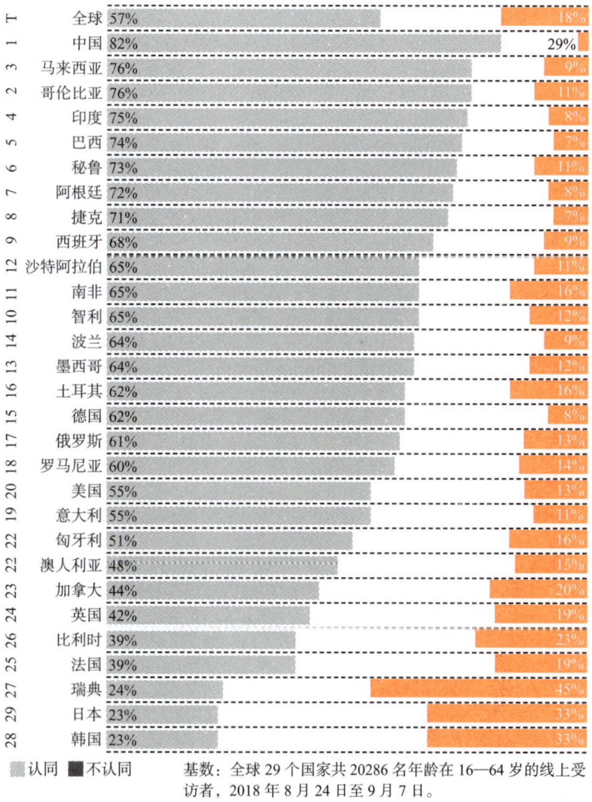

图 4 “照顾年迈的亲人是年轻人的工作吗？”的调查结果

中西方国家受访者的态度体现了中西社会制度和文化在赡养老人方面的巨大差异。在中国，几千年来赡养老人都是子女义不容辞的责任，是对子女最基本的要求，甚至受法律约束；但在西方，子女并没有强制性的赡养老人的义务，当父母步入老年后，赡养工作主要通过社会保障制度完成，是社会养老而非子女养老。中国传统文化中还有“父母在，不远游，游必有方”的观念，即使儿女已经成年，父母仍希望和子女保持密切的联系，同时也希望得到子女的陪伴和照顾；但在西方，子女成年后都会离家独立生活，成为独立的个体，父母对子女不再有抚养义务，也没有让子女留在身边尽孝的观念，子女和父母保持各自独立的生活和追求。

不论我们是否向往老年生活，是否担心变老，也不论我们的国籍、背景、学历是什么，变老都在不可逆地进行着。如何拥有健康、有尊严、经济有保障、充实且快乐的老年生活呢？我们可以做哪些准备呢？60% 的全球受访者选择了

“坚持锻炼，保持健康”这一选项，紧跟其后的是得票率 59% 的“健康饮食”。可见，大家广泛认可健康是一切的基础，是拥有美好生活的重要条件。除了健康，“为养老进行足够的储蓄”也得到了 51% 的投票，经济上的保障也是大家重视的现实问题之一。再其次，就是同样不可忽视的精神需求，“有一项经常参与的活动或兴趣爱好”“与朋友保持联系 / 有好的交际圈”都各有 44% 的投票。（如图 5 所示）

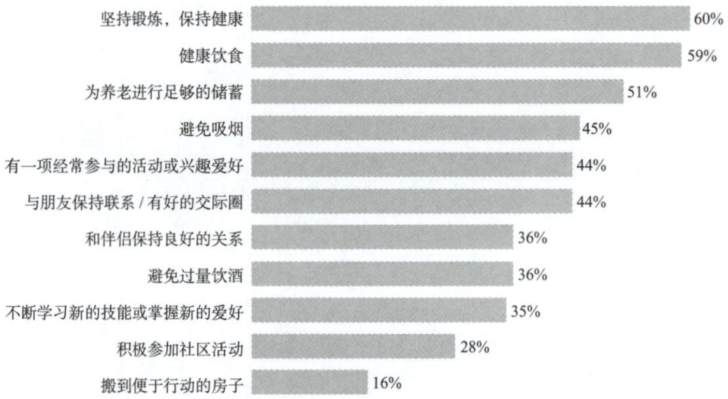

图 5 “可以为拥有更好的老年生活做哪些准备？”的调查结果

（改编自《世界步入老龄化时代，全球人民态度大不同》，作者刘立丰，来自微博“刘立丰”）

根据短文内容判断下列句子的对错，错的请说明原因。

（1）老龄化是 21 世纪社会发展趋势中最突出的问题，其他问题都无法跟它相比。（ ）

（2）老龄化问题对社会的影响是巨大的，涉及各个领域。（ ）

（3）各国政府都推出了各种政策和措施，以应对老龄化问题。（ ）

（4）毫无疑问，没有人希望自己变老。（ ）

（5）随着人类平均预期寿命的延长，“老”的年龄标准也在逐渐上升。（ ）

（6）所谓“不服老”，就是自己确实没有变老。（ ）

（7）在本次调查中，最不担心自己变老的受访者是南美人。（ ）

（8）因为社会制度和文化不同，大家对“年轻人应该照顾老年人”的态度有所不同。（ ）

（9）中国、日本、韩国等亚洲国家深受儒家文化影响，都广泛认同照顾年迈的亲

人是年轻人的工作。 （ ）

（10）身体健康、经济有保障、精神生活丰富是老年人所向往的老年生活。（ ）

语言文化小常识

重阳节——中国的老年节

重阳节是中国民间传统节日，日期在每年农历九月初九。“九”在《易经》中为阳数，“九九”两阳数相重，所以称“重阳”。古时，民间在该日有登高祈（qí）福、拜神祭（jì）祖及饮宴祈寿等习俗。近代，重阳节被赋予了新的含义。因“九”是数字中的最大数，且“九九”与“久久”同音，所以重阳节被赋予了天长地久、生命长久的寓意，寄托着人们对老人健康长寿的祝福。2006年5月20日，重阳节被国务院列入首批“国家级非物质文化遗产名录”。2012年全国人大常委会修订通过的《中华人民共和国老年人权益保障法》规定，每年农历九月初九为老年节。在传承发展中，重阳节以富有生命意蕴的节庆活动世代流传，设宴敬老、饮宴祈寿的主题逐渐和中国传统的孝道伦理相融合，成为当今重阳节节日活动的重要主题之一。

（改编自百度百科“重阳节”词条）

18 人生没有"铁饭碗"

本课学习重点

话　　题： 学习与工作

重 点 词： 查看　询问　奉献　执行　脱离　应对

语 言 点： 而　之所以……是因为……　历来　V得/不过来　以至于　意味着　除非

表达训练： 模拟面试

热　身

1. 你还记得自己小时候的职业梦想吗？回想一下，自己当初选择它的原因是什么。

医生　宇航员　教师　赛车手　法官　科学家　演员　舞蹈家

总统　美食家　警察　卡车司机　动物饲养员　模特儿　美容师

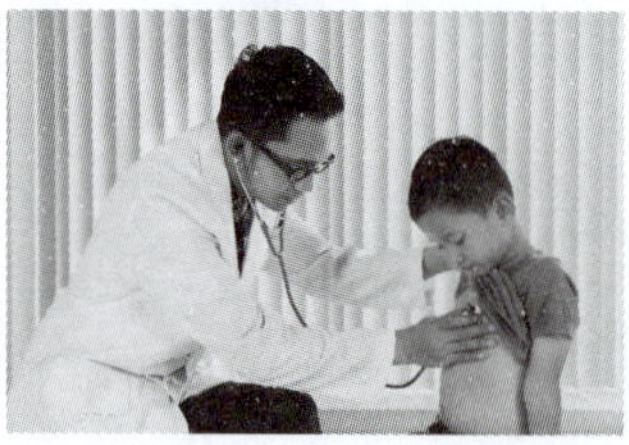

2. 你知道"铁饭碗"是什么意思吗？在你看来，什么样的工作称得上"铁饭碗"？

课 文

18-01

人生没有“铁饭碗”

刘凡本科毕业于北京一所“双一流”[1]大学。毕业后，他的同学有的出国深造，有的选择就业。就业的同学大都选择当白领，在微信朋友圈中，他们出入高档写字楼，生活光鲜而亮丽。刘凡则选择进入公务员系统，之所以如此选择，是因为公务员历来被中国人视为“铁饭碗”，工作稳定，收入有保障。在北京某个街道办事处工作的几年里，刘凡一直与人合租。最初的房租倒不算贵，但也相当于他试用期三分之一的工资。

刘凡最初所在的街道办事处，办公室在一间小平房里。他的日常工作细碎而繁多：查看档案，访问调研，上报材料……尽管有些工作并不在刘凡所负责的范围之内，但别人忙不过来时，他得时刻准备着替补。“说实话，这些工作内容远远超出了我最初的想象与期待。”刘凡边笑边对记者说。

入职不久，刘凡被安排在春节值晚班，街道主任也在场。一个电话打来，报告社区内发生了火灾。等对方讲完，刘凡回应了一句“我知道了”就挂断了电话。坐在对面的主任见了，开口说道：“遇到这样的情况，不是说‘知道了’就可以了，还要详细询问情况，比如火有多大，有没有人受伤，有没有报火警，这样办公室才能根据情况采取行动。”刘凡边听边点头，如同学生时期听老师讲一道题，默默记下要点。几分钟后，刘凡才意识到，眼前需要的是解决问题，他立即拨打了刚才的电话号码。

走上工作岗位，刘凡起初不知道应该学什么，会“考”什么，标准“答

---

① 双一流：世界一流大学和世界一流学科的简称。创建“双一流”高校，是中国高等教育领域的国家战略之一，旨在提升中国高等教育的综合实力和国际竞争力。

案”是什么。后来他渐渐有所觉悟：实际上，重要的不是答案，而是一个人思考问题的方式和特殊场景下解决问题的能力。入职面试时，面试官问他：“有人说，人生应该甘于奉献；有人说，人生应该勇于挑战。你更愿意过哪种人生？”这样的难题只不过是个开始，工作以后面对的考验就更多了。比如，在明明知道领导判断失误的情况下，如何执行他布置的任务？有时，领导故意设置一个“陷阱”，就是为了看你对这个问题的观察、比较、分析、判断和推理的逻辑能力，看你能否快速抓住每一件事情的核心和要点，把事情做得更全面、更细致，完成得更出色。在经历了许多次手足无措后，刘凡才慢慢脱离学生思维，学会如何解决问题。

在公务员系统工作，能否获得晋升是个人职业发展的关键。有的人在基层工作多年，因为迟迟得不到晋升就变得懈怠，以至于停留在原地直到退休。显然，刘凡不想要这样的结局。这几年，刘凡所在单位招聘的应届毕业生学历层次明显提高，硕士和博士不在少数。这意味着公务员系统内的竞争变得更激烈了。对各级政府而言，有竞争是好事，意味着可以选拔更多、更优秀的人才；但对个体来说，则意味着原本就比较难的晋升之路，会越来越难走。

去年，刘凡终于凭自己的业务水平、协调和应对能力被选拔到了中央机关单位。有了基层的工作经验，他在处理事务时显得格外冷静。即使遇到紧急任务，他也能有条不紊地完成。

“考公务员是一个好的职业选择吗？关键看你要的是什么，以及是否想清楚了自己的选择。但你无论做出怎样的选择，必须明白人生没有‘铁饭碗’，除非自己努力，否则难以成功。”刘凡说。

（改编自《公务员系统里的人生选择题》，作者左璐，
来自七一客户端/《党员文摘》《看天下》）

词语表 18-02

生词	拼音	词性	翻译
1. 饭碗	fànwǎn	名	job, way of making a living
2. 一流	yīliú	形	first-class
3. 深造	shēnzào	动	further one's education
4. 白领	báilǐng	名	white collar
5. 出入	chūrù	动	enter and exit
6. 高档	gāodàng	形	top-grade, first-ranking, luxurious
7. 写字楼	xiězìlóu	名	office building
8. 光鲜	guāngxiān	形	glamorous, flashy
9. 而	ér	连	and
10. 亮丽	liànglì	形	smart, pretty
11. 之所以	zhīsuǒyǐ	连	the reason why
12. 历来	lìlái	副	always, constantly
13. 办事处	bànshìchù	名	office, agency
14. 合租	hézū	动	jointly rent, flat-share
15. 相当于	xiāngdāngyú	动	amount to, be equal to
16. 试用期	shìyòngqī	名	probation period, qualifying period
17. 平房	píngfáng	名	one-storey house
18. 细碎	xìsuì	形	fragmented
19. 查看	chákàn	动	examine, look over, check
20. 档案	dàng'àn	名	archive, file
21. 调研	diàoyán	动	investigate, survey
22. 上报	shàngbào	动	report
23. 之内	zhīnèi	名	within
24. 替补	tìbǔ	动	substitute
25. 说实话	shuō shíhuà		to tell the truth

26. 远远	yuǎnyuǎn		far
27. 超出	chāochū	动	surpass, exceed, overstep
28. 入职	rù//zhí	动	be on board, enter
29. 值班	zhí//bān	动	be on duty
30. 在场	zàichǎng	动	be on the scene, be on the spot
31. 社区	shèqū	名	community
32. 火灾	huǒzāi	名	fire, conflagration
33. 开口	kāi//kǒu	动	say
34. 询问	xúnwèn	动	inquire, ask
35. 火警	huǒjǐng	名	fire alarm
36. 要点	yàodiǎn	名	main point
37. 拨打	bōdǎ	动	dial
38. 觉悟	juéwù	动 名	arouse, wake up; awareness
39. 场景	chǎngjǐng	名	scene
40. 甘于	gānyú	动	be willing to, be ready to
41. 奉献	fèngxiàn	动	contribute
42. 勇于	yǒngyú	动	have the courage to
43. 失误	shīwù	动 名	fail; fault, mistake
44. 执行	zhíxíng	动	execute, carry out
45. 陷阱	xiànjǐng	名	trap
46. 分析	fēnxī	动	analyze
47. 推理	tuīlǐ	动	infer, reason
48. 逻辑	luójí	名	logic
49. 能否	néngfǒu	动	be able to or not
50. 核心	héxīn	名	nucleus, kernel, core
51. 手足无措	shǒuzú-wúcuò		be bewildered
52. 脱离	tuōlí	动	break away from, separate from

53. 晋升	jìnshēng	动	promote or get promoted
54. 基层	jīcéng	名	basic level, grass root
55. 迟迟	chíchí	副	(often used in a negative sense) slowly
56. 以至于	yǐzhìyú	连	(so…) as to, (so…) that
57. 停留	tíngliú	动	remain, stay
58. 原地	yuándì	名	original place
59. 结局	jiéjú	名	result, outcome, ending
60. 招聘	zhāopìn	动	recruit
61. 学历	xuélì	名	educational background
62. 层次	céngcì	名	level
63. 博士	bóshì	名	doctor
64. 意味着	yìwèizhe	动	mean
65. 选拔	xuǎnbá	动	select, choose
66. 原本	yuánběn	副	originally
67. 业务	yèwù	名	business
68. 应对	yìngduì	动	deal with, tackle
69. 中央	zhōngyāng	名	center
70. 机关	jīguān	名	office, organ, institution
71. 有条不紊	yǒutiáo-bùwěn		orderly, systematically
72. 除非	chúfēi	连	only if, only when, unless

专有名词

刘凡	Liú Fán	name of a person

重点词

1. 查看

查看全文　查看成绩　查看结果
仔细查看　及时查看　简单地查看
查看到　查看几遍　查看得很仔细

（1）用户可以免费查看测试结果，并将结果保存下来。
（2）每次出车前，他都会前后左右仔细查看汽车车身、车胎。
（3）我们已经退款到您的付款账户了，请注意查看。
（4）警察又在事发地点查看了很久，还是没发现什么线索。

2. 询问

询问客服　询问理由　询问情况
反复询问　定期询问　向……询问
询问一下　询问了很久　询问得一清二楚

（1）病人通常会询问医生哪种治疗方案更保险。
（2）有些销售人员对顾客的询问不够耐心，态度也不够热情。
（3）我特意向她询问了一下当时的情况，但她似乎并不愿意多说什么。
（4）这篇文章引发了读者们的极大关注，不少人打电话来询问一些相关问题。

3. 奉献

奉献爱心　奉献青春　奉献一生
无私奉献　默默奉献　乐于奉献
奉献（给）社会　奉献给家庭　奉献给歌迷
奉献精神　奉献的心　爱的奉献

（1）她毕业后就到这个村子做老师，为乡村教育奉献了自己的一生。
（2）一个成功的企业家在自身发展壮大的同时，还要积极奉献社会。
（3）我们将努力为全世界奉献一场精彩的体育盛会。
（4）志愿者的工作并不复杂，重要的是要有一颗奉献的心。

4. 执行

执行任务	执行命令	执行计划	
严格执行	立即执行	简单执行	
执行下去	执行不了	执行得不够好	
执行效率	执行速度	执行力	执行者

（1）制订规划并不难，关键是要认真地执行下去。

（2）刚毕业的学生喜欢把书上说的当成标准答案，把自己当成简单的执行者，不愿动脑，不肯探索。

（3）这个方案虽然通过了公司董事会的讨论，但在具体执行中还需要加以补充和完善。

（4）虽然他的创新能力一般，但是他的任务执行速度惊人，这也是领导欣赏他的原因。

5. 脱离

脱离实际	脱离轨道	脱离危险	脱离关系
难以脱离	逐渐脱离	跟……脱离	
脱离不了	脱离开		

（1）一个人出国读书，脱离了原来的生活圈，肯定会有很多不适应的地方。

（2）我虽然不明白她为什么突然有这样的转变，但总觉得跟自己脱离不了关系。

（3）尽管他已经长大了，但似乎还没有脱离开来自家庭的约束。

（4）她从小缺乏安全感，一旦脱离了父母的保护，就会变得手足无措。

6. 应对

应对风险	应对危机	应对气候问题
积极应对	巧妙应对	灵活应对
应对得体	应对得很好	应对不了
应对能力	应对措施	应对技巧

（1）我们应该趁年轻多学一些本领，为应对人生的各种挑战做好准备。

（2）为了应对人口老龄化引发的社会保障问题，政府推出了一系列政策和措施。

（3）下一场比赛他将对战上届奥运会冠军，必须小心应对才行。

（4）刚走出校门的我实在太单纯了，根本应对不了这种复杂的局面。

练一练：选词填空

查看	询问	奉献	执行	脱离	应对

（1）等待了两天还没有回应，他们决定打电话（　　）一下。

（2）父亲气得要跟儿子（　　）父子关系。

（3）每一位加入研究的工作人员都发誓要为了这项事业（　　）所有。

（4）对于一些你不想直接回答的问题，你要有一定的（　　）技巧，而不是简单拒绝。

（5）他第一次出远门，每隔一会儿就（　　）一下手机、钱包是否还在包里，这一举动反倒引起了小偷儿的注意。

（6）政策如果脱离了本国的实际情况，那么在（　　）过程中就会遇到重重困难。

（7）我是一名医生，除了在门诊看病以外，还要去病房（　　）病人的情况，（　　）他们有没有哪里不舒服。对于那些刚刚（　　）生命危险的病人，我会格外关注，因为他们的情况通常比较复杂，我必须及时掌握他们的病情变化，以便在需要时采取（　　）措施。（　　）治疗方案时，我会依照病人的具体情况进行调整，确保治疗效果最大化。医生这个职业不仅需要高超的医术，更需要责任心和（　　）精神。尽管繁忙的工作时常让我感到疲惫，但我从未后悔成为一名医生。

语言点

1. 而

连词。表示并列关系，常用于形容词之间的并列，所连接的形容词意思一致；跟“又……又……”意思相当；主要用于书面表达。例如：

（1）刘老师布置的作业少而精，既不过多占用学生的时间，又能强化训练核心技能。

（2）听完我的决定，父亲严肃而认真地问道：“你确定已经想好了？”

（3）告别了紧张而忙碌的高三后，不少学生会选择跟同学、朋友一同外出游玩。

（4）每一次旅行都会让你的内心世界变得丰富、充实而生动。

练一练：

（一）选择合适的词语用“而”连接起来，并将下列句子补充完整

漫长　自信　完整　简单　乐观　流利　幸福　寒冷

（1）他才学了一年汉语，就可以__________把这个故事讲下来，真是了不起！

（2）她是一个__________的女孩儿，敢于挑战，也从不轻易放弃。

（3）哈尔滨的冬天__________。

（4）我只不过想过一种__________的生活，这个要求不过分吧？

（二）根据下列情境，用“而”将句子补充完整

（1）

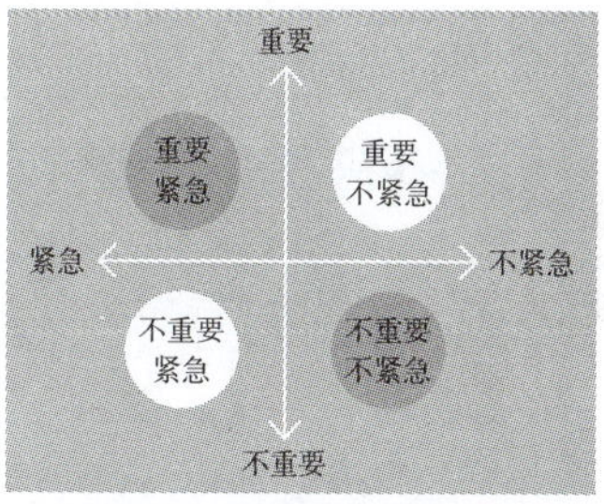

（2）

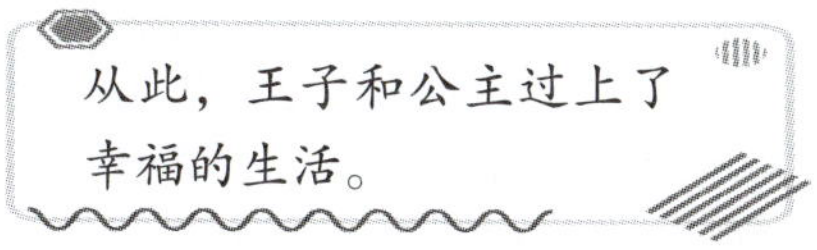

（3）

（4）

（1）[广告词] 红富士苹果__________，口感脆甜，汁多味美，一个下肚，口齿留香。

（2）史蒂芬·柯维（Stephen Richards Covey）的代表作《高效能人士的

七个习惯》中提到“要事第一”，这条时间管理原则强调优先处理＿＿＿＿＿＿＿＿＿＿＿＿＿＿＿＿＿＿＿＿＿的事情。

（3）童话故事常有一个＿＿＿＿＿＿＿＿＿＿＿＿＿＿＿＿的结局。

（4）＿＿＿＿＿＿＿＿＿＿＿＿＿＿＿＿的服装越来越受年轻人的喜爱。

2. 之所以……是因为……

因果复句。“之所以”引出结果或结论，“是因为”引出原因或理由，这种结构比“因为……所以……”更加强调原因或理由；“之所以”一般放在前一分句的主语和谓语之间，前边的主语不能省去。例如：

（1）他之所以拒绝你的邀请，是因为要准备明天的演讲比赛。

（2）她之所以能想出这么好的创意，是因为受到了中国传统服装元素的启发。

（3）医生说我这颗牙之所以要拔，是因为它完全坏掉了。

（4）她做事情之所以这么有效率，是因为她会提前有计划地分配好时间。

练一练：用“之所以……是因为……”完成下列句子或对话

（1）学校之所以大量购买先进的电脑设备，＿＿＿＿＿＿＿＿＿＿＿＿＿＿＿＿。

（2）＿＿＿＿＿＿＿＿＿＿＿＿＿＿＿＿，是因为早上的地铁10号线出了问题，不得不中途停车检修。

（3）记者：总统先生，您访问中国的最后一站选择杭州，有什么特殊的理由吗？

总统：＿＿＿＿＿＿＿＿＿＿＿＿＿＿＿＿＿＿＿＿＿＿＿＿。

（4）记者：据最新数据统计，报考贵校的学生人数再创新高，您觉得主要原因是什么？

校长：＿＿＿＿＿＿＿＿＿＿＿＿＿＿＿＿＿＿＿＿＿＿＿＿。

3. 历来

副词。表示从过去到现在都是如此；用法基本上同“从来”，但“历来”后也可跟肯定性成分；多用于书面表达。例如：

（1）“把”字句历来是汉语教学的重点和难点，尤其是在初级阶段。

（2）在这个问题上，历来存在两种完全对立的观点。

（3）这里历来不产大米，当地人至今也没有吃大米的习惯，他们更爱面食。

（4）“机会对每个人都是平等的”，历来如此。

练一练：用“历来”完成下列句子或对话

（1）北京____________________，每年来这里观光的人数不胜数。

（2）春节前后____。

（3）记者：肉、蛋、奶、蔬、果样样齐全，你们酒店的早餐真是丰盛啊！

经理：____。

（4）A：在你们国家，人们如何看待教师这个职业？

B：____。

4. V得/不过来

动补短语。表示“能/不能按要求的或应该的数量完成”，因此常涉及时间、空间、数量等因素；动词V所关涉的受事往往出现在主语前。例如：

（1）一下子挤进来这么多人，我都数不过来了。

（2）北京有这么多名胜古迹，一个国庆“黄金周”怎么逛得过来？

（3）孩子太多了，我恐怕照顾不过来呀！

（4）你们这么多人一齐问问题，我怎么回答得过来呢？

练一练：用“V得/不过来”完成下列句子或对话

（1）这儿的景色太美了，再给我一双眼睛____________________。

（2）A：我小时候父母根本不管我，哪像现在的父母，恨不得把孩子拴在身边。

B：是呀，那个年代每家都有好几个孩子，____________________。

（3）A：看，这些都是我刚借的书，我打算周末翻翻。

B：这么多书，______________________________？

（4）A：真的不需要我帮忙吗？

B：今天任务不算多，______________________________。

5. 以至于

连词。常用在因果复句“……，以至于……”中，表示由于上文所说的情况而产生的结果；也可以说“以至”。例如：

（1）自然环境遭到破坏，以至于很多野生动物失去了家园。

（2）有些地方的养老配套设施还不够完善，以至于老年人的晚年生活受到很大影响。

（3）这部小说她读过好多遍，以至很多内容都能背下来。

（4）现代科学技术的发展速度非常快，以至古代神话中描述的“上天入地”“千里眼”等神奇能力在现在都成为现实。

练一练：用“以至（于）”和所给词语完成下列句子

（1）形势发展得如此之快，________________。（难以）

（2）刘凡对工作的热情相当高，________________。（牺牲）

（3）他害怕失败，________________。（尝试）

（4）个别服务场所贴有“只能使用现金作为押金”的提示，这确实会给消费者带来一些麻烦。在当今这个电子支付普及的时代，________________，________________。（携带）

6. 意味着

动词。表示“含有某种意义”；后面可以带名词、形容词、动词等短语，还可以带小句。例如：

（1）婚姻意味着责任和义务。

（2）拥有不代表幸福，失去也不意味着不幸。

（3）联合国徽章图案是用两根橄榄枝衬托着整个地球，意味着争取世界和平。

（4）据调查，一个人在学校里学到的知识只占工作所需的 20%，而 80% 的知识是需要在实践中学习的。这意味着善于学习、持续学习的人才能走得更远。

练一练：用“意味着”完成下列句子或对话

（1）假期________________。

（2）十八岁________________。

（3）A：我问她是否可以做我的女朋友，她说暂时还不想谈恋爱。

B：________________，难道你不明白吗？

（4）A：今天是12月31号，______________，你今年的计划都完成了吗？

B：可以不说这个令人不愉快的话题吗？

7. 除非

连词。强调所提条件是唯一的先决条件，后面常有“才、否则、不然”等与之配合使用。例如：

（1）除非你答应我的条件，我才会告诉你这个秘密。

（2）除非世界末日到了，我才会考虑你的建议。

（3）每次吵架，除非我先跟她说话，否则她是不会跟我说话的。

（4）除非我们自己找到了解题的方法，不然老师是不会告诉我们答案的。

当“除非”位于后一分句中时，句中可以不用“才、否则、不然”等与之配合。例如：

（5）我一定准时到达会场，除非临时有事。

（6）无论发生多大的事，我都会陪着他，除非他不需要我。

（7）小时候，如果我想得到父亲的奖励，除非考第一名。

（8）要想获得最新资料，除非亲自去调研。

练一练：

（一）用“除非”完成下列句子或对话

（1）______________，我们才能进入下一轮比赛。

（2）______________，否则我们谁都不去。

（3）A：您认为刚刚走出校门的大学生怎样才能进入世界500强企业？

B：______________。

（4）A：医生，我这个症状究竟怎样才能减轻呢？

B：______________。

（二）用“除非”及所给词语造句

（1）亲眼　相信

____

（2）健康　熬夜

____

（3）打折　买　高档

____

（4）亲自　劝　同意

____

课文理解与表达训练

1. 根据课文内容回答下列问题。

（1）刘凡选择当公务员的原因是什么？

（2）跟其他当白领的同学比起来，刘凡的生活和工作是怎样的？

（3）春节值班时发生了什么事情？刘凡是如何处理的？

（4）什么是“学生思维”？工作以后，刘凡慢慢明白了什么？

（5）刘凡对自己的工作有怎样的规划？他依靠什么实现了目标？你觉得他是否会立一个更高的目标？

2. 根据课文内容将下面几段话补充完整，并尝试复述课文。

（1）因为工作________，收入________，公务员这个职业被中国人视为“________”，不少大学毕业生愿意进入公务员系统工作。

（2）入职后，刘凡主要负责________档案、访问________、上报________之类的工作，有时候因为其他同事________，他还得________，做一些不在他工作范围之内的事情。每天的工作________，________了他之前对公务员工作的________。刘凡刚工作时的收入________，所以只能与人________。而那些当白领的同学，每天出入的是________，生活________。

（3）工作后，最令刘凡不适应的是他还无法________。有时候领导跟他说话，他习惯于________，好像这些都是考试的要点；遇到问题，他总想知道________是什么。渐渐地，他才________，原来重要的不是________，而是________。领导更看重的是下属对问题的________、比较、分析、________和推理的________能力，因为只有具备了这些能力，才可能________事情的核心和要点，把事情做得更________。

（4）在公务员系统里，________是个人职业发展的关键。尤其是近些年来，越来越多的________进入公务员系统，刘凡面临的________压力也随之增大。尽管如此，他对自己的未来还是有________。刘凡最终________被选拔到了中央机关单位。回想自己走过来的路，刘凡认为人生________，要想获得成功，________。

3. 动口与动手。

（一）模拟面试。

（1）假如你正在参加一家公司的面试，面试官向你提出了如下问题，你会如何回答呢？

① 如果要用一些词语来评价你自己，你会选择哪些词？

②我们和另一家公司都想要聘用你，你会如何选择？

③ 你所在的团队正在负责一个项目，团队领导的计划存在一些问题，有的同事说：“不管怎样，我们就按领导的计划执行吧。”你会怎么做？

（2）假如你是一家大公司的面试官，你会向面试者提出什么问题？请说明设计这些问题的目的以及期望得到的回应。

（二）根据自己的职业理想制作一份简历，并以小组或班级为单位进行交互点评，最后总结出简历的核心要素以及制作一份优秀简历的秘诀。

扩展阅读与练习

何为“理想工作”？

近日，一项名为“如果不考虑现实压力，你的理想职业是什么？”的调查结果显示，教师、学生和农民位列前三。值得一提的是，许多年轻人对“当农民”有着自己美好的想象和理解，如“看着自己种的菜在四季中生长，有很大的成就感”“我的理想职业就是种田晒太阳”，甚至还有人说“跟做 PPT 比起来，我更愿意种地”。由这些简单的评论可知，他们对农民生活的想象充满了“玫瑰色”。当农民似乎不再有“面朝黄土背朝天”的艰苦或是“田家少闲月，五月人倍忙”的辛劳。对选择“当农民”的年轻人来说，与其说“当农民”是份糊口的工作，不如说是一种生活美学或是人生的艺术化。

除此之外，还有如下几种理想职业：在学校门口卖鸡蛋灌饼、在家附近开网吧……之所以这些看起来“不上档次”的工作会成为年轻人的理想工作，与当下工作渐渐占领个体日常生活以及生命的现状有关。原本大家认为努力工作的目的有两个：一是为了基本的谋生，努力赚钱养活自己；二是通过工作实现自身的抱负，或是进行相关的价值创造。也就是说，我们努力工作是为了实现自己的理想，过上幸福的生活。

然而，现状往往是工作与工作者位置颠倒，工作似乎正渐渐成为人的主人。很多人都被卷入这一工作体系中而无法轻易脱离，因为一旦选择辞职就必然会立刻面临众多实际的生存困境，像房租、衣食或日常消费等。除此之外，现代工作意识形态的强化导致我们几乎无法去思考不工作是什么样的，一天该怎么过或是人生该怎么活。

一些年轻人还认为，自己每天“不得不”做一份不喜欢或是对自己而言并无价值感的工作。他们知道自己做的这份工作不仅工资微薄，而且无法为自己带来任何心理、精神或意义上的满足，因此便出现了各种“消极抵抗”行为，如上班摸鱼、划水或是最近风行的躺平，等等。当然，也有部分幸运儿刚毕业就能找到理想的工作——兴趣、擅长和价值感并存。但对大部分人来说，鱼与熊掌往往难以兼得。

什么是理想的工作？什么是工作的意义？这些都应该由个体来定义和解释，而非遵从一个标准化的模式，由此才会出现更加多元和多样的选择以及关于理想职业的理解与想象。

（改编自《不考虑收入，年轻人最向往的职业居然是它》，作者重木，来自微信公众平台“惊蛰青年”）

根据短文内容完成下列练习（部分为多选题）：

1. 下面哪个不是此次调查中年轻人的理想职业？

   A. 白领

   B. 教师

   C. 网吧老板

2. 许多年轻人想当农民，是因为：

   A. 农民收入高

   B. 农民可以边工作边晒太阳

   C. 种地比做 PPT 简单

3. 作者认为一份理想的工作是：

   A. 可以养活自己和家人

   B. 做自己喜欢而且擅长的事，同时可以实现抱负

   C. 充满了“玫瑰色”

4. 一些年轻人在工作中“消极抵抗”的主要原因是：

   A. 工作太累了，占用了很多个人时间

   B. 收入太低，且无法从中获得精神满足

   C. 工作太无聊了，无法实现个人价值

5. 下面哪一个是作者的观点？

   A. 何为理想的工作，没有标准答案

   B. 职业有档次之分，上档次的工作才是理想职业

   C. 很多事情都是鱼和熊掌不能兼得，工作也不例外

语言文化小常识

“饭碗”和“菜碟”

“饭碗”在现代汉语中有两个义项：①盛饭的碗；②借指职业。显然，第一个义项是“饭碗”的本义，而第二个义项是它的引申义。“饭碗”之所以能够与人们赖以生存的职业建立紧密的联系，主要是因为二者之间存在共通之处。从基本功能上看，碗是用来盛放食物的，而食物为人们提供营养和能量，是生存的基础；同样，职业也是个人获取生活资料、实现自我价值的重要途径，是人们在社会中立足和发展的根本。

中国还有句俗语“看人下菜碟”，原意为根据不同人的身份地位选择合适的菜肴招待，引申为对待不同的人采取不同的标准或态度。

想一想，在你的语言文化中，与餐具、饮食等相关的词语有没有类似的语义变化呢？

19 走在相亲路上

本课学习重点

话　　题： 社会现象

重 点 词： 耽误　担忧　难得　反感　逼　看（kān）　遗憾

语 言 点： V/Adj. + 上　凡是　嘛　用不着　够……的
仿佛　白白

表达训练： 阐述对某种社会现象的思考

热　身

1. 下面是两则征婚广告，比较一下男性与女性在自我描述以及对对方期待上的异同。

> 本人 1983 年生人，未婚，独生子，银川人，大学教师。长相中上等，体重 180 斤，身高 183 cm，硕士研究生学历，在银川有一套面积 70 平方米的二手房，无贷款。兴趣爱好广泛，性格开朗，稳重善良，同时具备以下特点：
>
> 1. 有上进心。正在为考取国家一级注册结构工程师而努力。
> 2. 有事业心。在学校带 11 门课，每个学期都带新课。
> 3. 有孝心。每周末都回家看望父母，假期常陪父母旅行。
> 4. 有爱心。家里养了狗狗。
> 5. 生活态度积极。每天散步，每周打扫房间、洗衣服。
>
> 希望对方是个美丽、善良、懂事的女孩儿；希望我们的未来不会为了房贷、车贷而把幸福磨灭掉；希望我们每年都有假期一起旅游；希望我们不但是夫妻，更是知己；希望我们能接受对方的不完美。

我是一个再平凡不过的女人，有一点点漂亮，温柔中带点倔强，安静而不懦弱。我就像一叶小舟在大海中漂泊，好想找一个宽阔安全的港湾停泊，能为我挡风遮雨，当我伤心时能为我抹去心里的伤痛，在我高兴时能与我一起分享喜悦。

学历：硕士研究生。身高：165 cm。年龄：35 岁。籍贯及居住地区：北京。婚姻状况：未婚。工作单位：北京某事业单位。月收入：8000 元。

希望对方条件：

居住地及户口：北京。年龄：38—48 岁。身高：175 cm 以上。婚姻状况：未婚或离异。学历：不限。经济条件：有住房，有稳定的工作，月收入 10000 元以上。性格品质：成熟稳重，爱家顾家。

2. 你接受相亲这种婚恋方式吗？说说你的理由。

课　文

19-01

走在相亲路上

我，35 岁，女，无房，无车，无美貌，单身。因此，无论是否与我有血缘关系，或是其他任何关系，看到我这样的“剩女”，很多人都会表现出关心与担心，或是安慰，或是劝导。

有一次遇到一位健谈的出租车司机，一上车他就跟我聊上了：“姑娘多大了？”我说：“35。”司机紧接着就问：“结婚了吧？”我有些尴尬地说：“还没有。”司机皱了皱眉：“该考虑了，也老大不小了，我女儿 27 岁，都两个孩子了。女人啊，耽误不起，碰见合适的就赶紧结婚……”

再说说我的领导。他有点儿健忘，时常叫错人名，或者把活动搞混，但对我的单身问题却记得很牢，并且时不时都要在人前展示一番。每次接待客户，凡是有我在场，他一定会想方设法提到我令他担忧的个人问题："女孩子读书太多也不好，你看我们小林，有才华，有能力，就是到现在还没有男朋友。女人最终还是要有个好归宿，这才是成功嘛。如果有合适的小伙子，别忘了给介绍介绍啊。"

陌生人的善意、长辈们的担忧，我当然都可以理解，而且还深深感到自己被大家的爱包围着。

在热心人的共同努力下，相亲自然一直是我生活中不会缺少的一部分。在长达 11 年的相亲路上，我见了记不清多少个相亲对象，我的相亲经历绝对可以写出一部有吸引力的喜剧，剧本名字我都想好了，就叫《相亲大师》。

与 A 先生第一次约会，他说："根据我多年的美食经验，贵的一定不好吃，我带你吃一个又便宜又好吃的。"我跟着他走进了一家卤煮店。其实，我对任何食物都不存在偏见，只是作为一个南方人，我确实吃不惯这种口味。他边吃边问："你怎么不吃啊？这个特好吃，而且你得趁热吃。"我微笑着说："我不太饿。""是不是女孩儿约会时不吃饭，回家之后再猛吃一顿？用不着这样啊，咱都真实点儿。"我笑了笑："是，我觉得你就够真实的。"

遇到 B 先生的那一刻，我知道了什么是一见钟情。还记得那天是个难得的晴天，不时传来鸟的叫声。在一家咖啡厅，他缓缓说道："对现代人来说，相亲好像都有被迫的成分，相信你也有同感。"我点头道："对啊，相亲的目的性比较强，我也反感这种形式，感情就该顺其自然嘛。""既然你也这么认为，那我就实话实说吧，我是被逼着来的。我刚刚分手，我们在一起很多年了，你能明白吗？"我感觉自己的血液仿佛一点点凝固了，脑袋里有一群蜜蜂嗡嗡地乱飞。随后，他一脸歉意地说："实在抱歉，虽然我们刚认识，但我觉得你是一个特别好的女孩儿，希望你能理解，也希望你能找到值得的另一半……"

这种相亲生活真像一集集情节曲折的短片，作为观众看起来一定很有趣：

“你每个月收入多少？父母有没有退休金？结婚买房、买车家里会资助吗？”

“婚后我要把我爸妈接来一起住，你也用不着上班，在家做做家务、看看孩子、照顾好老人就行。”

“我觉得我们各个方面都算门当户对，你要是没意见，我们可以先结婚后恋爱。”

“你一顿饭就吃68？花钱真是够大手大脚的！”

“婚后我想当丁克[①]族，我觉得自己负不起养孩子的责任。”

“如果咱俩结婚的话，你家打算要多少彩礼？能准备多少嫁妆？”

“我的事业刚起步，经常国内国外到处飞，没法儿给你那么多陪伴，你会不会因此跟我闹脾气？”

这些形形色色的相亲对象上演着一幕幕令人哭笑不得的剧情。但遗憾的是，我也是台上的演员。

35岁单身的我，依旧每天上班、下班、看书、跑步、追剧、打游戏。虽然对我来说，相亲太过于熟悉了，甚至是习惯了，但是相亲与我的自然生活之间还是有一层紧张感和神秘感，有时明知是白白浪费时间，可又怀着一丝丝的期待。

相亲会继续，生活也会继续。但是我始终觉得，生命是一条河，我是一条鱼，不带着谁的期望，只是奋力向前游。

（改编自《35岁，单身的我》，作者林子南，来自微信公众平台“三联生活周刊”）

词语表 19-02

生词	拼音	词性	翻译
1. 相亲	xiāng//qīn	动	go on a blind date

① 丁克：英文“DINK”（“Double Income No Kids”的缩写）的音译词，意为“夫妇都有收入并且不打算生育孩子”。

2. 美貌	měimào	名 形	beauty; beautiful
3. 单身	dānshēn	动 名	live alone; single, unmarried person
4. 血缘	xuèyuán	名	blood relationship
5. 劝导	quàndǎo	动	advise, try to persuade
6. 健谈	jiàntán	形	talkative
7. 紧接着	jǐn jiēzhe		next
8. 尴尬	gāngà	形	awkward, embarrassed
9. 老大不小	lǎodà-bùxiǎo		old enough
10. 耽误	dānwu	动	delay, hold up
11. 健忘	jiànwàng	形	forgetful
12. 混	hùn	动	confuse, confound
13. 牢	láo	形	tight, firm
14. 展示	zhǎnshì	动	show, exhibit
15. 一番	yìfān	数量	one time
16. 客户	kèhù	名	client
17. 凡是	fánshì	副	whatever, whoever, whichever
18. 想方设法	xiǎngfāng-shèfǎ		try every means
19. 担忧	dānyōu	动	be anxious, worry, fear
20. 个人问题	gèrén wèntí		the problem of finding a spouse
21. 才华	cáihuá	名	talent, brilliance
22. 归宿	guīsù	名	end result, fate
23. 嘛	ma	助	*used to urge in imperatives or to emphasize the truthfulness in declaratives*
24. 长辈	zhǎngbèi	名	elder member of a family
25. 长达	cháng dá		be as long as
26. 喜剧	xǐjù	名	comedy
27. 剧本	jùběn	名	script
28. 大师	dàshī	名	master

29. 卤煮	lǔzhǔ	名	(a kind of snack) boiled pork giblets with baked wheaten paste
30. 吃不惯	chībuguàn		(food) does not agree with sb.
31. 口味	kǒuwèi	名	the flavor or taste of food
32. 特	tè	副	greatly, exceptionally, specially
33. 用不着	yòngbuzháo	动	have no use for, do not need (to)
34. 一见钟情	yíjiàn-zhōngqíng		fall in love at first sight
35. 难得	nándé	形	rare
36. 咖啡厅	kāfēitīng	名	Café
37. 缓缓	huǎnhuǎn	副	slowly, gradually
38. 成分	chéngfèn	名	component
39. 同感	tónggǎn	名	same feeling, sympathy
40. 反感	fǎngǎn	形 名	antipathetic, repulsive; antipathy, repulsion
41. 顺其自然	shùnqízìrán		let nature take its course, let it be
42. 实话实说	shíhuà-shíshuō		to tell the truth, frankly speaking
43. 逼	bī	动	compel
44. 血液	xuèyè	名	blood
45. 仿佛	fǎngfú	副	as if
46. 凝固	nínggù	动	solidify, freeze
47. 蜜蜂	mìfēng	名	bee
48. 嗡	wēng	拟声	buzz (an onomatopoeic for depicting a buzzing or droning sound as produced by bumblebees, engines, etc.)
49. 歉意	qiànyì	名	apology
50. 集	jí	量	episode
51. 曲折	qūzhé	形	tortuous
52. 短片	duǎnpiàn	名	short film
53. 退休金	tuìxiūjīn	名	pension

54. 资助	zīzhù	动	subsidize
55. 看	kān	动	watch over, look after
56. 门当户对	méndāng-hùduì		(of a marriage) both families be of equal social rank
57. 大手大脚	dàshǒu-dàjiǎo		wastefully, extravagantly
58. 族	zú	后缀	*a newly emerged suffix for categorizing a class of people sharing certain special features*
59. 彩礼	cǎilǐ	名	bride price
60. 嫁妆	jiàzhuang	名	dowry
61. 起步	qǐbù	动	start
62. 形形色色	xíngxíngsèsè	形	all sorts of
63. 上演	shàngyǎn	动	put on the stage, perform
64. 哭笑不得	kūxiào-bùdé		find sth. both funny and annoying, be dumbfounding
65. 剧情	jùqíng	名	plot
66. 遗憾	yíhàn	形 名	regretful, sorry; regret, pity
67. 白白	báibái	副	in vain, for nothing
68. 怀着	huáizhe		be in the hope of, carry (hope, dream, etc.)
69. 奋力	fènlì	副	vigorously

重点词

1. 耽误

耽误时间　耽误学习　耽误我看电影
严重耽误　容易耽误　确实耽误
耽误不了　耽误不起　耽误了四天

（1）咱们趁早出发吧，免得耽误了飞机。

（2）玩儿游戏一旦上瘾，会严重耽误学习和工作。

（3）着什么急啊？耽误不了你的事。

（4）他一直拒绝去医院看病，结果耽误了治疗的最佳时机。

2. 担忧

担忧学习成绩　担忧孩子的成长　担忧食品安全问题
为……（而）担忧　过分担忧　令人担忧
担忧得不得了　担忧得吃不下饭　担忧了好几天

（1）中国有句古话："儿行千里母担忧。"

（2）只要稍微有些不舒服，奶奶就开始担忧自己的身体。

（3）她总是为了一些不可能发生的事情而过分担忧。

（4）爷爷的病情依旧没有好转，爸爸担忧得整夜整夜睡不着。

3. 难得

人才难得　机会难得　天气难得
难得的经历　难得的知己　难得的好心情
难得遇到　难得一见　难得出国

（1）机会难得，你可千万要抓住啊！

（2）这些难得的资料为我的论文提供了有力的支撑。

（3）我难得来一次北京，肯定得跟你好好儿聚一下。

（4）她在同一届奥运会上获得了三枚金牌，这是十分难得的。

4. 反感

【名】产生反感　引起反感　心存反感
极大的反感　强烈的反感　同事的反感
【形】反感（的）情绪　反感的程度　让人反感的行为
对……很反感　普遍反感　令人反感
反感网恋　反感他的行为

（1）有的孩子以为自己长大了，对父母的意见、劝导开始听不进去，甚至产生反感。

（2）他的这种举动引起了同事的反感。
（3）骄傲自大、目中无人是最容易令人反感的性格之一。
（4）中国父母普遍反感孩子早恋，认为这会耽误孩子学习。

5. 逼

逼他还钱　逼孩子学钢琴　逼我去相亲
一再逼（她接受现实）　拼命地逼（他说出真相）　往死里逼（自己）
逼死　逼得太紧

（1）谁也不能逼我做自己不喜欢的事情。
（2）想开一些，为什么要往死里逼自己呢？
（3）即使你是医生，也不能逼我吃药。
（4）在学习这件事上，父母不能逼得太紧。

6. 看（kān）

看门　看行李　看孩子　看家　看火
小心地看（着）　寸步不离地看（着）
看不了　看得过来　看了好几天

（1）火上煮着汤呢，你看一下锅啊。
（2）农村人养狗主要是为了看家，城里人养狗却是为了陪伴。
（3）六岁的哥哥寸步不离地看着不到一岁的妹妹，喂她喝奶，逗她笑。
（4）让我一个人看这么多孩子，我怎么看得过来啊？

7. 遗憾

【名】只剩遗憾　不留遗憾　造成遗憾
最大的遗憾　一辈子的遗憾　唯一的遗憾
【形】遗憾的表情　遗憾的泪水　遗憾的人生
感到遗憾　令人遗憾　为……而遗憾
遗憾地表示　遗憾地错过了　遗憾地离开了
遗憾得很　遗憾得直摇头　遗憾得不知说什么

（1）有些人、有些事，错过了便会成为一辈子的遗憾。
（2）快到终点时，他竟然摔倒了，被别人超过了，太令人遗憾了。
（3）因为领导突然通知加班，我遗憾地错过了这场期待已久的演出。
（4）她最终因 0.02 秒之差失去了这枚金牌，遗憾得泪流满面。

练一练：选词填空

耽误	担忧	难得	反感	逼	看（kān）	遗憾

（1）家长应该让孩子尽情地玩儿，不要（　　）他们过早接受“正规”的教育。
（2）即使要照顾老人、孩子，我也从来没有（　　）过工作。
（3）这次调查发现超过百分之四十的化妆品不合格，这种情况十分令人（　　）。
（4）（　　）今天有时间，我们去郊区爬爬山、散散心吧！
（5）这么贵重的物品你怎么能让别人（　　）着呢？
（6）我至今没搞明白他为何对我如此（　　），我曾经做过什么伤害他的事吗？
（7）世界上哪有完美的事，都会留有一点儿（　　），也许只有这样才是完美吧。
（8）（　　）休假，我决定出国旅行，感受异域风情。然而，我是一个容易焦虑的人。自从确定了旅行计划，各种各样的问题就开始困扰我，让我倍感（　　）。我担心是否会因为一些不可预测的情况而（　　）了行程，彻底打乱我的旅行计划；假如我要去卫生间，能否找到合适的人（　　）行李箱……我对整日忧心忡忡（chōngchōng）的自己十分（　　），尝试了各种办法转移注意力，可晚上躺在床上时，我又陷入了焦虑之中。我（　　）自己赶紧睡觉，可是越想入睡越睡不着，有几晚竟然整夜失眠。最后，我干脆取消了旅行计划，并发誓一辈子不去旅行。唉，没有旅行的人生，多么令人（　　）啊！

语言点

1. V/Adj. + 上

“上”在动词或少数形容词后做补语，表示动作或状态开始并继续下去，强调的是开始；二者之间不能加“得、不”。例如：

（1）会议还没有正式开始，员工们就已经议论上了。

（2）大家劝爸爸多休息几天，可他只休息了一天就又干上活儿了。

（3）我们能赢得这场比赛全靠运气，你们倒先骄傲上了。

（4）临近春节，全家连老带少都忙上了。

练一练：用“V/Adj. + 上”完成下列句子或对话

（1）没想到，刚擦干眼泪的妹妹________________。

（2）兄弟俩________________，妈妈气得直摇头。

（3）A：我让你睡觉，________________？

B：再让我唱一会儿吧。

（4）A：你不是去上大学了吗？________________？

B：我没考上大学，高中一毕业就跟着父亲做生意了。

2. 凡是

副词。表示在一定范围内或一定条件下没有例外；表达“只要是”的意思；常用在主语前，后面常有“都、就、便、一律、一定、没有不”等与之呼应；也可以用作“凡”。例如：

（1）凡是帮助过我的人，我都不会忘记。

（2）奶奶对吃特别讲究，凡是觉得没有营养的便不吃。

（3）凡是到杭州的人，几乎没有不去西湖的。

（4）今晚店庆，凡消费两杯及以上饮品的，一律送小蛋糕一块。

（5）凡符合规定条件的，就可以报名参加此次比赛。

表示“所有的事情”时，可以直接用“凡事”。例如：

（6）结婚以后，凡事都要跟另一半商量。

（7）作为领导，凡事都要保持冷静。

练一练：

（一）用“凡（是）”改写下列句子

（1）只要是这家商场的会员，就可以享受八五折。

____

（2）所有的事情都要“三思而后行”。

____

（3）只要是自己不懂的问题，他就虚心向别人请教。

____

（4）只要跟他接触过的人，都觉得他很好相处。

____

（二）用“凡（是）”完成下列句子

（1）______________________________，一律取消考试资格。

（2）______________________________，没有不觉得这门课程有意思的。

（3）______________________________，都会留下深刻的印象。

（4）出门在外，______________________________。

3. 嘛

语气助词。用于加强语气；用在陈述句末时，表示说话人觉得显然是这样，理所当然应该这样。例如：

（1）我不是不愿意请教您，而是不想打扰您嘛。

（2）A：你知道他是谁吗？

B：新上任的部门经理嘛，我还能不知道？

（3）人家已经工作很多年了，经验就是丰富嘛。

用在祈使句末时，表示期望或劝阻。例如：

（4）冷就赶紧把衣服穿上嘛，千万别冻感冒了。

（5）大家都不同意你去，你就别去了嘛！

练一练：用“嘛”完成下列句子或对话

（1）她本来就______________________________，你们就别让她喝了。

（2）______________________________，他肯定知道这事。

（3）A：他怎么走了？

B：____________________，我怎么挡得住？

（4）A：____________________！

B：已经快得不能再快了。

4. 用不着

表示"没有必要"；后面常跟动词、动词短语或小句；其肯定形式是"用得着"。例如：

（1）你有什么问题就问吧，用不着害怕。

（2）你们根本用不着听他的，他其实什么都不懂。

（3）孩子们都已经长大成人，用不着父母为他们做这做那了。

（4）明天我把书带过来，用不着你特意跑一趟。

（5）不过是半个小时的路程，你用得着买这么多零食吗？

练一练：用"用不着/用得着"完成下列句子或对话

（1）就这么点儿小事，____________________？

（2）只是一场小考试，____________________？

（3）A：刚才的事是我不对，真抱歉！

B：只是一场误会，____________________。

（4）A：你们能来看我，我就很高兴了，____________________。

B：这只是我们的一点儿小心意，请您一定收下啊。

5. 够……的

固定结构。表示程度高；中间的形容词既可以是积极意义的，也可以是消极意义的；"够"的前面常出现"真、可"等语气副词，后面还可以用"了"。例如：

（1）这次考试够难的，估计想拿85分都不容易。

（2）哈尔滨的冬天真够冷的，一出门连眉毛、睫毛都变白了。

（3）他可真够聪明的，全班同学就他抓住了这次机会。

（4）她已经够后悔的了，咱们以后别再提这件事情了。

练一练：用"够……的"完成下列句子或对话

（1）____________________，不用再打扮了。

（2）＿＿＿＿＿＿＿＿＿＿＿＿＿＿＿＿＿＿＿＿＿＿，连落脚的地方都没有了。

（3）A：看看我新买的电脑，怎么样？

B：哇！这台电脑＿＿＿＿＿＿＿＿＿＿＿＿＿＿＿＿＿＿＿＿＿＿。

（4）老师：除了刚才说的，今天的作业还有练习册第 8 页上的所有练习。

学生：老师，＿＿＿＿＿＿＿＿＿＿＿＿＿＿＿＿＿＿＿＿＿＿＿＿。

6. 仿佛

副词。意思是“好像、似乎”；句末可以加上“似的、一样”；多用于书面表达。例如：

（1）孩子们在泳池里尽情地玩耍，仿佛是自由自在的小鱼。

（2）看到活泼可爱的儿子，他仿佛看到了自己的童年一样。

（3）她俩见面不打招呼，仿佛谁也不认识谁似的。

（4）此时，我们听见了一种奇怪的声音，仿佛很近，又仿佛很远。

练一练：

（一）用“仿佛”完成下列句子

（1）我叫了她一声，＿＿＿＿＿＿＿＿＿＿＿＿＿＿＿＿＿＿＿＿，继续往前走。

（2）春天的校园＿＿＿＿＿＿＿＿＿＿＿＿＿＿＿＿＿＿＿＿＿＿＿＿＿＿＿＿。

（3）第一次见面他俩就聊上了，＿＿＿＿＿＿＿＿＿＿＿＿＿＿＿＿＿＿＿＿。

（4）他猛地把刚伸出去的手收了回来，＿＿＿＿＿＿＿＿＿＿＿＿＿＿＿＿＿。

（二）用“仿佛”和所给词语描述下列情景

（1）情景：一位母亲的孩子走失了，她在到处寻找。　　（疯了）

＿＿＿＿＿＿＿＿＿＿＿＿＿＿＿＿＿＿＿＿＿＿＿＿＿＿＿＿＿＿＿＿＿＿＿＿。

（2）情景：哥哥饿极了，大口大口地吃着饭菜。　　（几天几夜）

＿＿＿＿＿＿＿＿＿＿＿＿＿＿＿＿＿＿＿＿＿＿＿＿＿＿＿＿＿＿＿＿＿＿＿＿。

（3）情景：第一次离开父母，离开家，我觉得十分自由。（小鸟）

＿＿＿＿＿＿＿＿＿＿＿＿＿＿＿＿＿＿＿＿＿＿＿＿＿＿＿＿＿＿＿＿＿＿＿＿。

（4）情景：最绝望的时候，父母出现了。　　（做梦）

＿＿＿＿＿＿＿＿＿＿＿＿＿＿＿＿＿＿＿＿＿＿＿＿＿＿＿＿＿＿＿＿＿＿＿＿。

7. 白白

副词。表示行为没有达到预期的目的，或者没有取得应有的效果；所修饰的动词后面必须有其他成分；后面可以加结构助词“地”。例如：

（1）我把课表看错了，白白起了个大早。

（2）连第一轮面试都没有通过，真是白白准备了一个月。

（3）她擅长经营，可不会白白地放弃这个挣钱的大好机会。

（4）由于经理判断错误，公司白白地损失了几百万。

也可以用作“白”，此时后面不能加“地”。例如：

（5）我到了办公室门口才发现没带钥匙，白跑了一趟。

（6）这部电影真是无聊极了，白浪费了我两个小时。

练一练：用“白白/白”描述下列情景，上下文也要交代清楚

情景：我去配钥匙　这种钥匙配不了

——师傅说这种钥匙他配不了，我白跑了一趟。

（1）情景：找老李帮忙　请他吃饭　他没解决我的问题

____。

（2）情景：花六百多元　报名考试　考试那天迟到一小时

____。

（3）情景：生日　准备惊喜　出差

____。

（4）情景：去上海办事　没办成　去迪士尼（Disney）玩儿了一圈

____。

课文理解与表达训练

1. 根据课文内容回答下列问题。

（1）什么是“剩女”？想象一下：关心“我”的人会如何安慰“我”？担心“我”的人又会如何劝导“我”？

（2）你如何理解出租车司机说的“女人啊，耽误不起”这句话？

（3）领导对“我”至今没有男朋友这件事是什么态度？从哪里可以看出来？

（4）为什么“我”觉得自己的相亲经历可以写一部喜剧？

（5）从第一次约会可以知道“我”和 A 先生有哪些差异？你觉得 A 先生在第一次约会中所表现出来的“真实”合适不合适？

（6）“我”对 B 先生的印象如何？ B 先生说“你能明白吗”是指明白什么？“我”听到 B 先生的真实想法后是什么感受？

（7）为什么“我”觉得自己的相亲经历“令人哭笑不得”？“我”对相亲的态度是什么？

2. 假如你去相亲，对方提出了下面这些问题或者表达了类似的观点，你会怎样回应？下列问题 / 观点中，哪个也是你想要问 / 表达的？或者说，哪种观点也是你要表达的？除此之外，你还想问哪些问题？为什么？

（1）你每个月收入多少？父母有没有退休金？结婚买房、买车家里会资助吗？

（2）婚后我要跟父母同住。

（3）我们各方面都门当户对，可以先结婚后恋爱，你同意吗？

（4）我觉得你的消费观跟我不太一样。

（5）如果我工作很忙，没时间陪你，你会不会因此闹脾气？

（6）婚后我想当丁克族。

（7）结婚的话，你家打算要 / 给多少彩礼？

（8）婚后，你可以做全职太太 / 先生吗？

3. 动口与动手。

很多国家都有关于“大龄未婚”这一社会现象的报道。据最新的调查数据，越来越多的国家出现了年轻人结婚意愿下降的趋势。请你查找、整理、分析（本国 / 中国 / 多国）相关资料，从多个角度思考这一社会现象出现的原因。作为当今世界年轻人中的一员，你又是如何看待这一社会现象的？

下面的表达框架和切入角度可以帮助你展开论述：

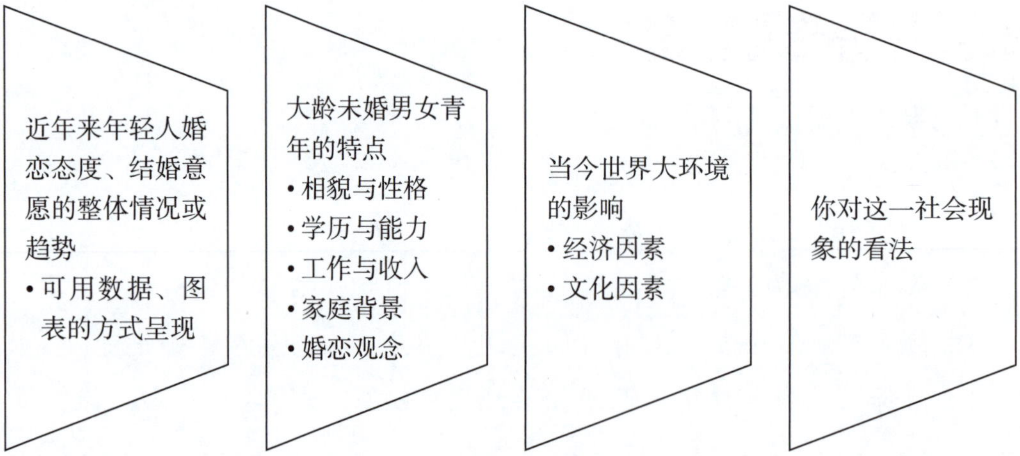

扩展阅读与练习

《2021中国女性婚恋观白皮书》大揭秘

小说《围城》中有一句非常经典的话："婚姻是一座围城，城外的人想进去，城里的人想出来。"然而，从2013年开始，中国的结婚率已经连续4年下降，仿佛城外的人都不想进去了。与之相对的，是从2003年开始离婚率连续15年上涨。我们似乎站到了一个前所未有的十字路口，每个人都不得不思考：结婚的意义是什么？婚姻的式微是否代表爱情的消亡？现当代女性到底对婚恋抱着怎样的态度？

为了深入了解中国现代女性对爱情与婚姻的真实看法，壹心理联合单身青年自救平台、调研工厂共同发起了对中国女性婚恋观的调查。一起来看看本次调查的结果。

在本次调查中，"母胎单身"[①]的女性占未婚女性的21.64%。对她们来说，恋爱"阻力"多种多样，排前4位的是：独立空间（认为一个人更自由，无拘无束，占68.72%）、个人追求（认为谈恋爱浪费时间，有更重要的追求，占31.84%）、社交难题（所处环境缺少接触异性的机会，占39.39%；本身害怕与人交往，占30.17%）、恋爱标准（认为自己眼光高，占27.93%）。由此可见，单身原因虽多，但总体而言，现代年轻女性越来越不愿意"将就"了。她们在不断打破社会对女性原有的"妻子""母亲"等定义。不管是否处于一段亲密关系中，她们都更注重个人成长。

调查也发现，不同情感状态的女性都仍对爱情有着美好的憧憬。单身女性更偏向于"务实之爱"，希望既有"爱情"也有"面包"。恋爱中的女性以及已婚女性更能享受爱情中的甜蜜与亲密无间，同时她们也更看重爱情的忠诚度，

① 母胎单身：网络用语，指从出生开始就一直保持单身，从未谈过恋爱的人。

“激情之爱”与“占有之爱”的比重有所提高。而对于当了妈妈的女性来说，维持生活、养育后代是重中之重，因此秉持“务实之爱”的占比又有所增加。具体如表 1 所示：

表 1　不同情感状态的女性憧憬的爱情类型

情感状态	务实之爱	朋友之爱	激情之爱	奉献之爱	游戏之爱	占有之爱
母胎单身	52.66%	27.45%	13.17%	1.40%	2.80%	2.52%
空窗期	48.85%	25.93%	15.70%	3.70%	3.35%	2.47%
恋爱中	35.12%	25.40%	23.80%	6.82%	3.34%	5.52%
已婚已育	42.79%	25.28%	17.27%	6.66%	3.25%	4.75%

现代女性对爱情有着不同的描绘与想象，那么她们的择偶观是否也有所不同呢？与以前的“有情饮水饱”的旧观念相比，现代女性对爱情、对另一半的想象似乎更加务实了。务实很容易被误解为功利，好像爱情变成了获取“面包”的保证。此次调查大数据却告诉我们：事实并非如此。在“择偶标准”的选项排序中，经济条件只排在第 4。排名前 3 的分别是人品、性格、工作能力和未来潜力。此外，年龄、文化程度和情感状态对择偶标准的影响也是显而易见的。硕士及以上学历或 36 岁以上的女性更看重对方学历上的优势以及伴随而生的经济实力，而正在热恋中或 25 岁以下的女性更看重感觉。

既然对爱情仍有憧憬，为什么结婚率逐年下降，离婚率一直上升？这可能跟婚恋压力有一定的关系。从调查结果可以看到，单身群体被催找对象，恋爱群体被催婚，已婚群体被催生……似乎不论你在哪个阶段，都被无处不在的焦虑所包围着。具体如图 1 所示：

母胎单身	空窗期	恋爱中	已婚未育	已婚已育
自己一个人孤独 34.73%	被催婚 38.27%	被催婚 30.33%	家庭经济压力 37.56%	孩子的教育前途问题 62.92%
对恋爱产生排斥或者恐惧 32.21%	自己一个人孤独 34.74%	与伴侣的价值观有分歧 26.12%	催生 35.61%	家庭经济压力 36.37%
被催婚 23.81%	对恋爱产生排斥或者恐惧 31.92%	亲人不喜欢对象 23.95%	工作与家庭难以兼顾 25.37%	工作与家庭难以兼顾 30.51%
有人过度关注自己的状态 20.45%	有人过度关注自己的状态 26.81%	与父母关系不和 16.84%	婆媳关系处理 21.95%	亲子沟通问题 28.29%

图 1　现代女性的压力来源

近年来，各种各样的新闻让年轻女性的“恐婚”情绪愈演愈烈。婚姻真的这么可怕吗？从调查数据看，相比单身与恋爱中的人群，已婚人群的生活满意度、充实感明显更高，对自己和婚姻的评价也更加积极、自信和满足。有研究表明，拥有另一半，能够从对方那里得到理解和支持、尊重和关心，虽然客观上不一定有更多的物质支持，但女性在主观上能感受到的幸福却会明显增加。

（改编自《婚姻会让女人变得不幸吗？〈2021 中国女性婚恋观白皮书〉为你揭秘》，来自微信公众平台“壹心理”）

根据短文内容完成下列练习：

1. 对“婚姻是一座围城，城外的人想进去，城里的人想出来”理解正确的是：
   A. 婚姻意味着约束
   B. 结了婚就不能轻易离婚
   C. 城内外的人彼此羡慕

2. “不愿意‘将就’了”中的“将就”大概是什么意思？

A. 不满意

B. 勉强

C. 适应

3. 下面哪个可能不是女性恋爱的“阻力”？

A. 对自由的追求

B. 社交困难

C. 好男人太少

4. 下面的说法正确的是：

A. 对女性来说，“面包”跟“爱情”一样重要，所以经济条件是首要考虑的

B. 因为婚后面临着各种各样的压力，所以已婚女性对自己的生活很不满意

C. 女性的幸福感不一定来自物质，更多的是一种心理上的支撑

5. 参考短文中的一些数据说明方式，对图 1 不同阶段女性所面临的压力情况进行描述，要求不少于 150 字。

____

____

____

____

____

____

____

语言文化小常识

“嫁”和“娶”

“嫁”与“娶”相对，女孩儿结婚被称为“嫁”，男孩儿结婚则称为“娶”。根据《现代汉语词典》（第 7 版）的解释，“嫁”的义项之一是“女子到男方家成亲”，而“娶”则指“把女子接过来成亲”。显然，“嫁”和“娶”这两个词具有

明确的方向性，所以我们常常听到“把女儿嫁出去”和“把媳妇娶进来”的说法。这种“嫁”与“娶”的对立，清晰地体现了中国人延续了几千年的婚姻观念，即结婚意味着男方从女方家长那里得到女方，使其成为妻子并融入男方的大家庭。

然而，在当今的中国社会，男女平等、自由恋爱的婚姻观念已经深入人心。越来越多的新婚夫妇选择建立独立于双方家庭的小家庭，《婚姻法》也确保了男女双方在婚姻中的自主权。为了适应这一社会变迁，《现代汉语词典》（第 7 版）对“嫁”和“娶”的释义进行了扩展，分别加上了“泛指女子结婚”和“泛指男子结婚”的义项。这不仅是语言使用上的与时俱进，也体现了当代社会对婚姻观念的开放与包容。

20 数据肖像

本课学习重点

话　　题： 科技与生活

重 点 词： 误解　承诺　透露　代价　关联　隐藏

语 言 点： 宁愿　无 A 无 B　一一　不怎么　就算　以……为……

表达训练： 阐述对某种社会现象的思考

热　身

1. 分角色朗读或表演下面的故事。

（2035 年的某一天。一家比萨店，外卖电话响了，店长拿起电话。）

店长：×× 比萨店。您好，请问有什么需要我为您服务的？

顾客：你好，我想要一份比萨。

店长：请问您是陈先生吗？

顾客：你怎么知道我姓陈？

店长：陈先生，因为我们联机的 CRM（客户关系管理）系统对接了三大通信服务商，看到您的来电号码，我就知道您贵姓了。

顾客：哦，我想要一个海鲜至尊比萨。

店长：陈先生，海鲜比萨不适合您，建议您另选一种。

顾客：为什么？

店长：根据您的医疗记录，您的血尿酸值偏高，有痛风的症状，建议您不要食用高嘌呤（piàolìng，purine）的食物。您可以试试我们店最经典的田园蔬菜比萨，低脂、健康，符合您现阶段的饮食要求。

顾客：你怎么知道我会喜欢这种？

店长：您上周在一家网上书店买了本《低脂健康食谱》，其中就有这款比萨的菜谱。

顾客：那好吧。我要一个家庭特大号比萨，多少钱？

店长：99 元。这个足够您一家六口吃了，但您母亲应该少吃，她上个月刚做了心脏搭桥手术，还处于恢复期。

顾客：好的，知道了。我可以刷卡吗？

店长：抱歉，陈先生，请您支付现金，因为您的信用卡已经透支了，您现在还欠银行 5000 元，还不包括住房贷款利息。

顾客：那我先去附近的提款机取现金。

店长：陈先生，根据银行记录，您今天已经超过了日提款限额。

顾客：算了，你们直接把比萨送到我家吧，家里有现金。你们多久会送到？

店长：大约 30 分钟。如果您不想等，可以自己来取。

顾客：为什么？

店长：我这边看到您家是在解放路东段 22 号，距离我们店开车只要 5 分钟。您名下登记有一辆车号为 ×××××× 的轿车，这辆车目前正在距离您家不到 2 分钟车程的地方。如果您等不及，可以回家拿了现金开车来店里取，这大概要 10 分钟，正好是一个比萨出炉的时间。这样，您总共只需花 15 至 20 分钟就可以将比萨拿回家，比我们送货上门要快。

（顾客差点儿晕倒。）

（选自《双 11：世上没有偶然的奇迹》，作者秦嫣，中信出版社 2016 年出版，有删改）

2. 你是否遭受过个人信息泄露的困扰？在你的国家 / 地区，个人信息泄露问题及相应的信息保护措施是怎样的？

课　文

20-01

数据肖像

以下是我两个朋友的故事：

王小姐，系统常年为她推送奢侈品、别墅广告以及各种针对孩子的网络课程，尽管她的房子是租的，也至今未婚，更没有孩子。系统为什么对她有这样的误解？仅仅是因为她租住在北京顺义的某处繁华地段吗？

李先生的小区最近推行“刷脸进门”，入口处安装了一个带摄像头的自动门，业主只要登记了面部信息，刷脸就能进入。物业做了几次动员工作，很多老人都热情地拥抱了新科技，但李先生宁愿每天请保安帮忙开门，也不想把自己的面部信息录入系统。因为他刚刚玩儿过一个叫《黑客网络》的游戏，知道人脸数据是多么容易被恶意修改和非法利用。

你是谁？我们的社会似乎越来越关心这个问题。监控摄像头、人脸识别、智能手机、社交网络、信用卡账单、心理测试……无时无刻不在收集、加工、处理关于我们的信息，并且向我们承诺信息安全、生活便利。

我是谁？我们似乎也越来越愿意向社会透露答案。无论在现实生活中，还是在网络上，我们都留下了大量的个人数据——健康、交通、教育、职业、银行、各种消费行为……事实上，我们的整个生活都在被一一记录，并转化为系统中的数据，但我们却很少去想这些数据意味着什么。

很多时候，我们对隐私并不怎么在意。我们常常对满大街的监控摄像头视而不见，因为我们认为用隐私交换安全是值得的；我们津津有味地追看网络直播，因为我们觉得隐私既可以娱乐别人也可以娱乐自己；我们甚至心甘情愿地将数据交给互联网大公司，因为我们从未想过他们会拿这些数据做什么。

然而，随着网络诈骗、数据泄露事件的频繁发生，就算对隐私再“开放”的人，也开始感到不安和焦虑。最令人恐惧的是，我们不知道拿隐私做交易的代价到底是什么。

我们活在“大数据时代”，但大数据的重点不在“大”，而在于关联度。音乐播放平台知道你喜欢听什么风格的音乐，视频播放平台知道你喜欢看哪个系列的美剧，网购平台知道你喜欢什么品牌的洗发水，通信平台知道你深夜与朋友聊些什么，社交平台知道你喜欢什么类型的女孩儿/男孩儿，外卖平台知道你喜欢吃什么口味的菜，支付平台对你每天的花费支出了如指掌，网约车平台知道你一天的出行路线，就连隐藏在我们头脑深处的困惑、幻想、欲望都反映在搜索引擎里……这些不同的数据库记录了我们在各个领域里留下的痕迹，尽管这些痕迹看起来都很不起眼，可这些数据库一旦关联起来，就可以拼凑出一个人完整的“数据肖像”。

以谷歌、脸书、亚马逊为代表的高科技公司对人们的行为数据进行收集、分析和加工，最终生产出有效的数据产品。这些数据产品能够帮助信息技术公司预测人们未来的消费行为，从而有针对性地推送广告和商品。比如说，在我们情感最脆弱的时刻推送减肥、整容的广告；在我们人生的关键时期，如怀孕时，发送能改变购物习惯的优惠券。随着技术的进一步发展，它们不仅能比我们自己更早知道我们想要什么，甚至还能在我们毫无察觉的情况下，为我们制造出欲望来。对我们来说，危险不再只是隐私的泄露，还有被预知的可能性。你对它们一无所知，而它们对你无所不知。

想象一下，假如你的人生有一组密码可以通往你的家、你的日记、你的电脑、你的手机、你的汽车、你的保险箱、你的健康记录……你会把它告诉一个陌生人吗？

（选自《三联生活周刊》2021 年第 25 期，作者陈赛，有删改）

词语表

20-02

生词	拼音	词性	翻译
1. 肖像	xiàoxiàng	名	portrait
2. 常年	chángnián	副	all year round
3. 推送	tuīsòng	动	push (ads, commercials, etc.)
4. 奢侈品	shēchǐpǐn	名	luxury
5. 别墅	biéshù	名	villa
6. 未婚	wèihūn	形	(state of being) unmarried
7. 误解	wùjiě	名 动	misunderstanding; misunderstand
8. 繁华	fánhuá	形	prosperous, busy
9. 地段	dìduàn	名	zone, area
10. 小区	xiǎoqū	名	neighborhood, community
11. 推行	tuīxíng	动	carry out
12. 摄像头	shèxiàngtóu	名	camera
13. 业主	yèzhǔ	名	proprietor
14. 物业	wùyè	名	property management company
15. 动员	dòngyuán	动	mobilize, persuade
16. 拥抱	yōngbào	动	embrace, hug
17. 宁愿	nìngyuàn	副	preferably
18. 录入	lùrù	动	input
19. 黑客	hēikè	名	hacker
20. 恶意	èyì	名	evil intention, ill will
21. 非法	fēifǎ	形	illegal

22. 监控	jiānkòng	动	monitor
23. 账单	zhàngdān	名	bill
24. 无时无刻	wúshí-wúkè		at any moment, all the time
25. 承诺	chéngnuò	动	promise
26. 透露	tòulù	动	disclose, reveal
27. 一一	yīyī	副	one by one, one after another
28. 转化	zhuǎnhuà	动	convert, transform
29. 隐私	yǐnsī	名	privacy
30. 不怎么	bùzěnme	副	not very
31. 视而不见	shì'érbújiàn		turn a blind eye to
32. 娱乐	yúlè	动 名	entertain; amusement, entertainment
33. 心甘情愿	xīngān-qíngyuàn		be willing to
34. 泄露	xièlòu	动	reveal, let out
35. 频繁	pínfán	形	frequent
36. 就算	jiùsuàn	连	even if
37. 恐惧	kǒngjù	形	fearful, scared
38. 代价	dàijià	名	price, cost
39. 大数据	dàshùjù	名	big data
40. 关联	guānlián	动	link, correlate
41. 度	dù	后缀	degree
42. 品牌	pǐnpái	名	brand
43. 洗发水	xǐfàshuǐ	名	shampoo
44. 通信	tōngxìn	名	communication
45. 了如指掌	liǎorúzhǐzhǎng		be fully aware of
46. 网约车	wǎngyuēchē	名	online ride-hailing service
47. 出行	chūxíng	动	travel
48. 隐藏	yǐncáng	动	conceal, hide

49. 深处	shēnchù	名	depth
50. 幻想	huànxiǎng	名 动	fantasy
51. 引擎	yǐnqíng	名	engine
52. 数据库	shùjùkù	名	database
53. 不起眼	bùqǐyǎn		plain-looking
54. 拼凑	pīncòu	动	cobble (together)
55. 高科技	gāokējì	名	high-tech
56. 脆弱	cuìruò	形	fragile
57. 整容	zhěng//róng	动	get/have cosmetic surgery
58. 怀孕	huái//yùn	动	get or be pregnant
59. 优惠券	yōuhuìquàn	名	coupon, courtesy card
60. 察觉	chájué	动	detect, notice
61. 预知	yùzhī	动	foresee
62. 一无所知	yìwúsuǒzhī		utterly ignorant
63. 无所不知	wúsuǒbùzhī		know everything
64. 通往	tōngwǎng		lead to
65. 保险箱	bǎoxiǎnxiāng	名	safe box

专有名词

1. 顺义	Shùnyì	*a district of Beijing*
2. 谷歌	Gǔgē	Google
3. 脸书	Liǎnshū	Facebook
4. 亚马逊	Yàmǎxùn	Amazon

重点词

1. 误解

【动】误解孩子　误解对方的意思　误解她的好意
完全误解　遭受误解　误解成（坏人）
【名】对……有误解　很深的误解　最大的误解
产生误解　引起误解　消除误解

（1）如果我们不了解对方国家见面的礼仪，就可能会误解对方的行为。
（2）即使被别人误解了，他也不愿意花时间去解释。
（3）一些原来对我们公司有误解的人，也表现出了想进一步合作的意愿。
（4）你的言行举止太不得体了，很容易造成大家的误解。

2. 承诺

向……承诺　随意承诺　庄严承诺
承诺了很多事情　承诺过很多次
许下承诺　兑现承诺　违背承诺

（1）这家公司向用户承诺：从发现问题到给出最终的解决方案，时间最长不超过 2 小时。
（2）如果觉得自己做不到，就不要随意承诺，否则只会让自己失去大家的信任。
（3）我对孩子许下过很多承诺，以为总有一天会全部兑现，但不知不觉她已经长大了，不需要我兑现承诺了。
（4）在打游戏这个问题上，儿子向我承诺过很多次，但他一次又一次地违背了自己的承诺。

3. 透露

透露消息　透露秘密　透露细节　透露答案
向 / 给……透露　详细透露　故意透露
透露出来　透露给我　透露得很多

（1）在班会上，老师丝毫没有透露活动的细节，这令同学们对周末的聚会更加好奇了。
（2）他向大家透露了一个可怕的消息："我们已经没有任何食物了。"
（3）现在还没有最终决定，所以我不便透露任何消息。
（4）她突然意识到，关于公司明年的工作计划，自己似乎透露得过于详细了。

4. 代价

很大的代价　生命的代价　血的代价
付出代价　作为代价　以……为代价

（1）所有的选择都会付出代价，选择了面包可能就得放弃爱情。
（2）因为出行前没有仔细检查车辆，他们付出了生命的代价。
（3）为了获得自由，她付出了血的代价。
（4）大规模接待游客虽然能带来收入，但却是以牺牲环境为代价的。

5. 关联

关联银行卡　关联电脑
紧密关联　高度关联　互相关联
关联起来　关联在一起　关联不大

（1）我将银行卡和微信钱包关联起来，以便购物时扫码付款。
（2）蓝牙、WiFi 可以将电脑、电视、音响等电子设备关联在一起。
（3）节能和环保这两个紧密关联的主题日益受到关注。
（4）老师认为我提到的这个问题跟论文的主题关联不大，没有必要详细论述。

6. 隐藏

隐藏情绪　隐藏身份　隐藏痕迹
偷偷隐藏　巧妙地隐藏　有意隐藏
隐藏起来　隐藏不住　隐藏在角落里　隐藏得很好

（1）隐藏秘密的一个好方法，就是把它当成笑话讲给全世界听。

（2）在前几轮的比赛中，他有意隐藏了自己的实力。
（3）她把心事小心地隐藏了起来，就连每天在一起生活的父母也不知道。
（4）时间久了，他对李小姐的感情想隐藏也隐藏不了了。

练一练：选词填空

误解	承诺	透露	代价	关联	隐藏

（1）你们（　　）24小时内发货，为什么都一个星期了还没发？
（2）看到我的大学录取通知书，一向严肃的爸爸也（　　）不住眼角的笑意。
（3）一位不愿（　　）姓名的人告诉记者，工厂已经半年没发工资了。
（4）每天熬夜加班，钱虽然挣到了，但这是以付出健康为（　　）的。
（5）他外表看起来很严肃，所以常被人（　　）成一个很严厉的人。
（6）这两件事情表面上看毫无（　　），背地里却有着密切的联系。
（7）前一段时间公司生意不好，资金不足，我向朋友借了一大笔钱，并（　　）半年后连本带利还给他。万万没想到的是，半年后公司生意并没有好转起来，我根本没钱还他。但因为那段时间我为了谈生意不是出差就是出入高档场所，朋友认为我赚了钱却不想还钱。我不想向他（　　）我的真实情况，所以每次面对他的（　　）和责问，我都选择了沉默，将压力和痛苦深深（　　）在心底。这种做法让我付出了（　　），最终失去了与朋友之间那份珍贵的信任与情谊。现在我们虽然生活在同一个城市，但已经从无话不谈的亲密友人变成了毫无（　　）的两个人。

语言点

1. 宁愿

副词。表示在比较利害得失之后选取一种做法，所做的选择主要取决于人的意愿。例如：
（1）与听取他人建议相比，他宁愿一个人静静思考。
（2）如果找不到质量又好、价格又便宜的商品，我宁愿不买。

（3）每当做成一件有意义的事后，他不喜欢和别人一起谈论，宁愿一个人默默回味。

常用的格式有两种：

（一）宁愿……也不……

（4）母亲下岗后，宁愿自己省吃俭用，也不想让孩子的生活受到影响。

（5）我宁愿一个人做自己喜欢的事，也不勉强自己配合别人的脚步。

（二）宁愿……也要……

（6）他是一个急性子，宁愿不睡觉，也要把手头的任务完成。

（7）她很注重生活的品质，宁愿多花钱，也要买质量好的名牌产品。

（8）志愿者宁愿承受可能被传染的风险，也要去帮助那些急需救治的人。

练一练：用“宁愿”完成下列句子或对话

（1）她____________________________，也不愿意吃垃圾食品。

（2）有些女生为了好看，______________________，也要瘦下来。

（3）A：有时候真相总是令人难以接受。

B：是啊，所以我________________________________。

（4）A：你已经 38 岁了，该结婚了吧？

B：____。

2. 无 A 无 B

固定短语。“无”常用在两个意义相同或相近的词或语素前面，强调没有。常见的有：无影无踪、无缘无故、无依无靠、无穷无尽、无边无际、无忧无虑、无时无刻、无法无天、无拘无束、无声无息。例如：

（1）妈妈无时无刻不在想念着国外留学的孩子。

（2）奶奶生气地说：“这孩子再不管就要无法无天了！”

（3）我刚才明明把笔记本放在桌子上了，怎么一转眼就消失得无影无踪了？

（4）知识无穷无尽，我们要不断学习，努力跟上知识更新的速度。

练一练：选词填空

无边无际	无拘无束	无依无靠	无声无息	无缘无故	无忧无虑

（1）看着________________的大海，我的心胸也开阔了很多。

（2）他一个人在国外，________________，什么事情都要自己做。

（3）长大以后烦恼也随之增多，真怀念小时候________的生活。

（4）爸爸退休后常常________地发脾气，只有妈妈能够忍受他。

（5）他以为离婚后可以________，可没想到自己竟然无时无刻不在怀念跟妻儿在一起的幸福时光。

（6）我以为她会向我们透露一些消息，没想到一切就像石沉大海一样，________。

3. 一一

副词。一个一个地，表示动作依次发生；常用在动词或动词短语前做状语。例如：

（1）校长走上讲台，跟获奖的师生一一握手，表示祝贺。

（2）他每天都会收到几十封类似的邮件，如果一一回复，那么其他事情就不用做了。

（3）这篇新闻报道对事故发生的时间、地点、原因以及后来的处理情况都一一做了介绍。

（4）关于这个问题，我对班里的同学一一进行了采访，最终写出了这篇调查报告。

练一练：用“一一”完成下列句子

（1）生日聚会结束了，________。

（2）开学第一天，________。

（3）机场登机前，________。

（4）课堂上，________。

4. 不怎么

表示程度、频率不高；常用于修饰动词、形容词。例如：

（1）你不用太担心，其实他不怎么在乎这样的小事。

（2）她刚来这里学习，对周围的环境还不怎么熟悉。

（3）我在国外时跟他就不怎么来往，回国后就更不怎么联系了。

（4）今天不怎么热，比昨天舒服多了。

练一练：用“不怎么”完成下列句子或对话

（1）这台机器是公司新买的，____________________，你能教教我吗？

（2）这些书你拿回去吧，______________________________。

（3）A：你觉得这件衣服怎么样？适合明天的活动穿吗？

B：____________________________________。

（4）A：走吧，一起出去逛逛。

B：____________________________________。

5. 就算

连词。表示假设的让步，相当于“即使、即便”；常用在让步复句“就算……也……”中；多用于口语表达。例如：

（1）他自信地说：“就算这道题有点儿难度，也难不到哪儿去。”

（2）这对双胞胎长得一模一样，就算家里人有时也分不清。

（3）就算你不想见他，他也会主动找上门来的，你们早晚得见面。

（4）你就算失败了，也没什么关系，“失败是成功之母”嘛。

练一练：用“就算”完成下列句子或对话

（1）______________________________，父母也不会批评我的。

（2）我不能向你透露任何消息，____________________________。

（3）A：这个城市有 1000 万人，就凭一张照片怎么可能找到他？

B：____________________________________。

（4）A：你一个人完不成这么多工作的，还是找人帮个忙吧！

B：____________________________________。

6. 以……为……

固定格式。表示“把……作为 / 当作……”或者“认为……是……”。例如：

（1）我们不能以自己为中心，不考虑其他人的感受。

（2）生病后，他在饮食上主要以清淡为主，不再吃烧烤、火锅等重口味食物了。

（3）德语跟汉语有很大的差异，以名词为例，德语的名词有性的变化。

（4）《刮痧》这部电影以中西方文化差异为题材，讲述了中国人在美国发生的故事。

练一练：

（一）选词填空

以家庭为中心	以生病为理由	以健康为代价	以获胜为目标

（1）他总是________请假，最终因为缺课太多被取消了考试资格。

（2）在传统婚姻中，女性往往是________的那一方，而男性负责工作挣钱。

（3）为了决赛那一天发挥得更好，接下来的几个星期，我们要________，严格要求自己，刻苦练习技术。

（4）年轻时，我们________拼命地挣钱；老了后，我们又用金钱去交换健康。

（二）用"以……为……"和所给词语造句

（1）辣　特色

____

（2）经济　目标

____

（3）休息　主

____

（4）绿色环保　话题

____

课文理解与表达训练

1. 根据课文内容回答下列问题。

（1）系统为什么总是给王小姐推送奢侈品之类的广告或者针对小孩子的网课？

（2）李先生为什么不愿意将自己的面部信息录入小区的刷脸系统？

（3）我们的个人信息是通过什么方式被收集起来的？

（4）为什么有时候我们不怎么在意隐私泄露？

（5）大数据的主要特点是什么？文章是如何对此进行说明的？

（6）除了隐私泄露，我们还会面临哪些危险？

2. 请先将下面的空格补充完整，再根据图示复述课文内容。

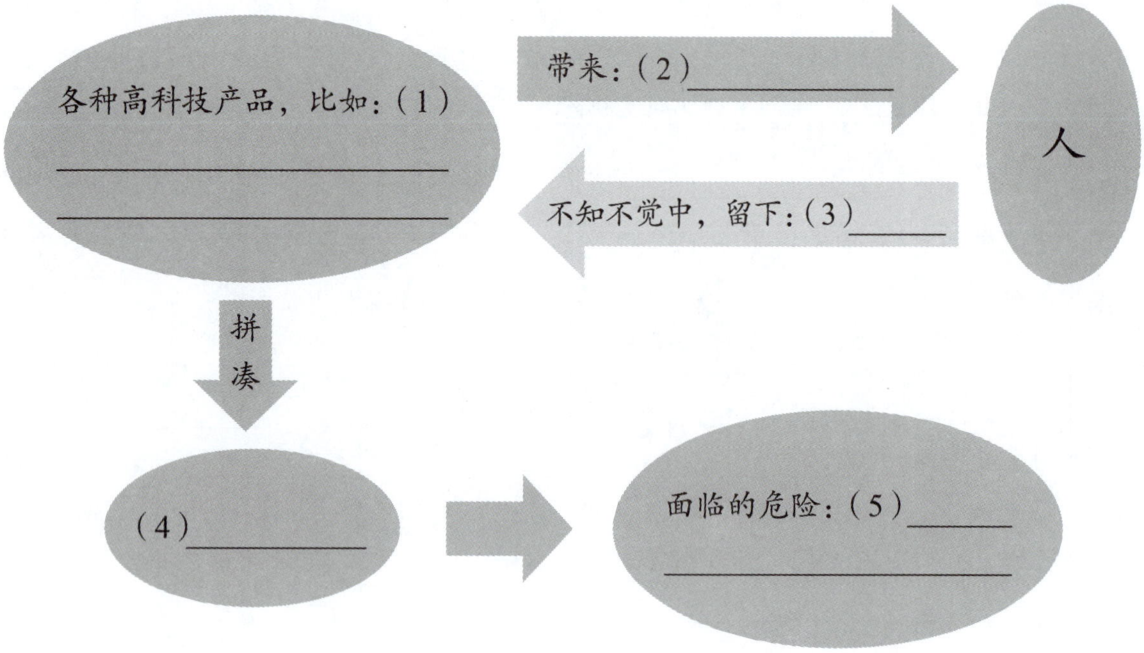

3. 动口与动手。

请结合具体事例说明大数据的利与弊。在大数据时代，我们的个人信息如何才能得到有效的保护？

下面的表达框架和表达形式可供参考：

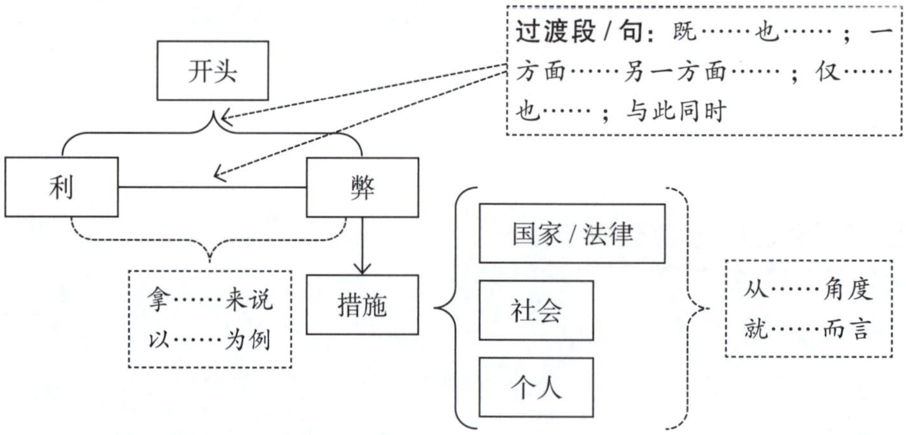

扩展阅读与练习

仿真面具

ABC

"欢迎使用人脸识别取款，请您对着镜头左右摇头。"

"取款成功。"

天啊！有人冒充我取走了我的存款！难道我的脸被盗刷了？

用仿真面具骗过机器，取走别人的存款、进入密室或打开保险箱，这些曾经出现在电影中的场景，有可能出现在我们的生活中吗？

如今，人脸识别技术的应用越来越广泛，它同密码、指纹信息一样，可以用来保护我们的隐私、重要电子文件、存款等。可是，你想过没有，人脸识别技术到底有多强？如果两个人长得很像，人脸识别技术能辨别出他们不是同一个人吗？想知道这些问题的答案，我们得先了解一下人脸识别技术的基本原理。

对于计算机来说，任何图像到最后都会转化为数字信息。如果说密码是一串简单的数字，那么指纹就是稍显复杂的数字排列组合，人的面部特征也是如此。在早期的人脸识别技术中，计算机会将人的面部图像转化为许多"特征点"，比如眼角的形状、鼻子的位置等，这些特征信息会以数字的形式存储在计算机中。在进行人脸识别时，计算机会捕捉这些特征的信息，并与之前存储的信息进行比对，最终判断"面前"的人能否通过验证。

不过，这种方法还是需要人"指挥"计算机，预先告诉计算机应该关注并记住哪些面部特征。随着技术的不断进步，科学家开始了新的尝试：他们不再对计算机发出指令，而是让它自己去学习，这就是近几年发展起来的新技术——"深度学习"。简单来讲，"深度学习"技术源自神经网络，它试图模拟人类大脑的学习原理，利用多层网络结构以及大量的数据样本，把原始的数据（如图像等）转化为更抽象的数据。有趣的是，如今计算机可以通过“深度学习”来记录面部信息，但是它会记录哪些面部信息对我们而言却是“黑匣子”，我们并不知道计算机记录了哪些信息，以及它为什么要记录这些信息。

能够“深度学习”的人脸识别技术是不是就绝对安全了呢？答案依然是否定的，原因有两点：第一，即便计算机进行“深度学习”的能力越来越强，它依然有失败的可能。比如，同卵双胞胎（因为基因相同，他们的长相往往完全一样）通过人脸识别的验证，打开对方的手机等电子设备并非不可能。第二，面具制作技术正在飞速进步。在人脸识别技术不断进步的同时，3D 打印等技术也日趋完善。2019 年，以色列的研究人员已经能够以人的细胞和生物材料为原料，通过 3D 打印技术制作出充满细胞、血管的心脏。所以，只要数据收集得足够全面，利用 3D 打印技术造一张“完全相同”的脸，已经不再是天方夜谭。科技可以帮助人类区分极为相似的脸，也能够帮助人们制作几乎相同的脸，这种矛与盾的较量，目前还无法分出胜负。

那么，面对“面具犯罪”，人类应该如何防范呢？依靠目前的技术手段，我们还无法完全遏制这种犯罪。不过，科学家可不会就此放手，他们在努力探索新的面部识别方式，比如验证皮下血管或眼球血管等更加难以复制的信息。同时，法律也在严格约束“人皮面具”的制作，将“人皮面具”确定为“非法商品”，通过仿真面具恶意冒充他人也被视为违法行为。

科学家之所以如此花费脑力来研究和发展人脸识别技术，是因为这项技术的背后是应用更为广泛的图像识别技术。图像识别技术除了可以用于解锁手机、手机支付、身份验证等，还有更广泛、更重要的应用。比如，公安干警可以借助它来打击拐卖儿童的犯罪；工地管理者可以用它来识别工人安全帽的佩戴情况；安保人员可以用它来识别可疑人员；在人员密集的公共场所，跌倒、打架等行为也能被识别出来，便于工作人员及时应对；甚至机器零件是否磨损、气体是否泄漏、森林是否有火灾隐患等，也可以借助这种技术进行识别和判断。

（选自《奇趣博物馆·古怪面具》，本文作者笪颢天，中国少年儿童出版社 2020 年出版，有删改）

根据短文内容完成下列练习：

1. 计算机存储的是：
   A. 图像信息
   B. 数字信息
   C. 特征信息
2. 文中的“黑匣子”是指：
   A. 数据记录仪
   B. 黑色的盒子
   C. 比喻我们对计算机的“深度学习”一无所知
3. 下面的说法正确的是：
   A. 人脸识别技术可以打开同卵双胞胎的手机，这说明“深度学习”的效果很厉害
   B. 已经有研究人员利用 3D 打印技术造了一张与真人“完全相同”的脸
   C. 人脸识别技术可以区别相似的脸，也可以制造相似的脸
4. 下面哪项是文中没有提到的？
   A. 图像识别技术可以为警察破案提供帮助
   B. 图像识别技术可以监控公共场所内发生的异常行为
   C. 图像识别技术可以预判灾害，比如火灾、水灾等
5. 从短文中我们可以得出的结论是：
   A. 科技的发展有利有弊，所以人类也感到很矛盾
   B. 即使人类知道高科技对自己有威胁，也要发展科技
   C. 人类对高科技犯罪已经手足无措了

语言文化小常识

从隐私看文化差异

隐私具有鲜明的民族特性，不同民族在定义和保护隐私方面存在显著的差异。这些差异主要源于各自独特的文化背景、价值观以及风俗习惯。在一些文化中，隐私被视为个人自由和权利的重要组成部分，因此受到法律的严格保护。个人隐私的范畴也相当广泛，包括私人时间、私人空间、私人权利等多个方面。

相比之下，中国人的隐私观念则显得相对复杂且模糊。中国人更加注重集体和谐与社会关系的维护，因此个人隐私的界限并不是那么清晰。例如，由于中国人拥有强烈的家庭观念，家庭成员之间可能会分享很多个人信息，这在某些文化背景下或许会被视为对个人隐私的侵犯，但在中国文化中却是增进家庭亲密度和信任感的一种自然表现。

21 以车为“家”

本课学习重点

话　　题：社会现象

重 点 词：开销　忽略　允许　储存　忍受　无奈

语 言 点：不……不……　Adj. + 下来　要么　不仅……也……还 / 更……　不见得　到……为止　最……莫过于……

表达训练：介绍自己国家 / 地区成年 / 婚后的居住情况

热　身

1. 观察下列图片，并阅读相应文字，思考：从字形上看，“家”需要有什么？

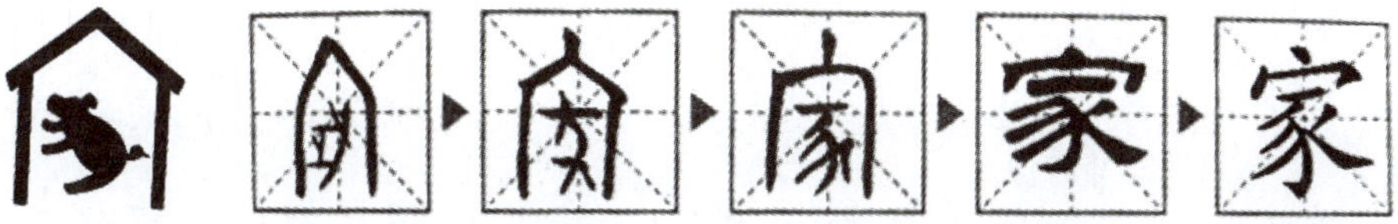

甲骨文　金文　小篆　隶书　楷书

“家”字上半部是“宀”(mián)，代表房子的外观；下半部分是一头“豕”(shǐ，猪)。这是因为古代几乎家家户户都养牲畜，这些牲畜用来祭祀或帮助生计。在古代要计算财富，只要知道他家里养了多少牲畜就可以了。“豕”常常被用来表示牲畜。①

2. 在你们国家 / 地区的人的观念中，“房子”和“家”之间是怎样一种关系？你又是如何看待二者之间关系的？

---

① 选自《汉字树 5：汉字中的建筑与器皿》，廖文豪著，北京联合出版公司 2018 年出版。

课 文

21-01

以车为“家”

小乔是在北京工作的普通上班族。像小乔这样来自非北京地区，没有北京户口，在北京生活和工作的人，常被称作“北漂”。今年是小乔北漂的第 12 年。5 月，他把“家”安在了北京东三环，距离公司不到 20 米。一辆不到 10 平方米的房车，成了他在首都市中心的临时住处。而他买下这辆房车，一共花了 10 万元。

小乔原本过着双城生活，贷款买的房子在河北燕郊，工作单位在北京国贸，通勤往返得花费 5—6 个小时。公司附近的房租不问不知道，一问吓一跳。合租的房子起码 3500 元，整租一套一居室至少 6500 元。住进房车后，他每月的必要支出只有 800 元停车位的费用和 2000 元的房贷。这样一来，日常开销一下减少了四分之三。买车前，小乔就算过一笔账：买房车花的钱，就相当于给房东交租金，只要住够两年半，自己就赚了。

省去漫长的通勤后，生活似乎也慢了下来。偶尔早起，他会骑车到天安门看升国旗。晚上下班后，他要么锻炼身体，要么和朋友聚会，这些在过去都是不易实现的事情。到了周末，小乔会回燕郊待上两天。他对现在的生活状态很满意，常跟同事、朋友说：“没有房车就没有如今的自在生活啊！”

在深圳的情侣小张和小胡原本住在一间不到 10 平方米的出租屋里，每月租金 2500 元，通勤往返 3 小时起。这样的生活循环 3 个月后，他们买下一辆二手房车，花了 13 万，加上自己动手改装，又花掉 3 万，前后合计支出 16 万元。住进房车后，他们每月只要付 400 元停车费和不到百元的水电费用。车停在小胡公司附近，她每天步行 5 分钟去上班，而小张工作的地方只要坐 3 站地铁就能到。跟以前相比，现在的通勤时间简直可以忽略不计。

房车暂时给了这对情侣一个温馨的“家”。在他们眼里，住房车不仅降低了生活成本，也缩短了通勤时间，还提升了生活的幸福感。房车象征着自由，一到周末或节假日，他们就开车到处玩儿，完全不用为堵车和住宿问题而担忧。

搬进房车那天，这对情侣举办了一场浪漫的仪式。他们在室外放烟花，在车内切蛋糕，桌上摆着柿子、苹果、火龙果等，每样物品都有着美好的寓意。直到现在，小胡说起当时的细节来，脸上还挂着隐藏不住的笑容。

然而，真实的房车生活并不是只有美好，也伴随着各种棘手的问题。首先必须考虑房车的停放位置，最好离公司近一些，还得便于水电补给。但一个理想的停车点可不太好找，小张和小胡对此就深有体会。住宅小区里的包月停车费是120元，虽然便宜，但不对外开放。停车场里空间有限，房车车型大，开门容易碰到别的车，更不省事。

其次是车子的充电问题。房车的获电渠道虽多，但也有很多潜在的麻烦。停车场里的充电桩和房车的充电口不一定匹配，需要自备转换头。路边的新能源充电桩有限，而且这些车位经常爆满。小张曾经想找附近的小店帮忙充电，但人家怕有安全隐患等问题，直接拒绝了他。

同样重要的是生活用水问题。允许房车加水的地方不是遍地都有，更多的人选择去公共厕所取水。这样既方便日常接水，也适合应急上厕所。尽管房车内部配置了卫生间，但上厕所不见得方便。用来储存排泄物的“黑水箱”要经常清洗，不然人就得在狭小、密闭的空间里忍受臭气。因此，为了减少麻烦，住在房车里的人都尽量不用车内的卫生间。

到现在为止，最困扰小乔的问题莫过于噪声了。他虽然每天8点才起床，但经常会被早起去买菜、锻炼的阿姨们提前吵醒，感觉就像设置了一个闹钟。

以车为“家”，普通都市人多了一种居住选择，有几分浪漫，也透着不少无奈。

（作者Erika57，来自微信公众平台“婚姻与家庭杂志”，有删改）

词语表 21-02

生词	拼音	词性	翻译
1. 户口	hùkǒu	名	registered permanent residence
2. 称作	chēngzuò		call, be referred to as
3. 北漂	běipiāo	名	Beijing drifter
4. 平方米	píngfāngmǐ	量	square meter
5. 房车	fángchē	名	caravan
6. 贷款	dàikuǎn	动 名	grant a loan; loan
7. 通勤	tōngqín	动	commute
8. 吓	xià	动	be frightened
9. 居室	jūshì	名	room
10. 停车位	tíngchēwèi	名	parking space
11. 房贷	fángdài	名	residence mortgage
12. 开销	kāixiāo	名 动	expenditure; spend
13. 算账	suàn//zhàng	动	count
14. 赚	zhuàn	动	earn, gain
15. 漫长	màncháng	形	long, endless
16. 国旗	guóqí	名	national flag
17. 要么	yàome	连	either...(or...)
18. 不易	búyì	形	hard, difficult, tough
19. 自在	zìzai	形	comfortable, at ease
20. 情侣	qínglǚ	名	lovers
21. 改装	gǎizhuāng	动	refit, modify
22. 合计	héjì	动	aggregate, add up to
23. 忽略	hūlüè	动	ignore, neglect
24. 不计	bújì	动	do not count
25. 温馨	wēnxīn	形	warm and cozy

26. 节假日	jiéjiàrì	名	holiday and festival
27. 住宿	zhùsù	动	accommodate
28. 浪漫	làngmàn	形	romantic
29. 仪式	yíshì	名	ceremony
30. 烟花	yānhuā	名	fireworks
31. 柿子	shìzi	名	persimmon
32. 火龙果	huǒlóngguǒ	名	dragon fruit
33. 物品	wùpǐn	名	item, article
34. 寓意	yùyì	名	implied meaning
35. 伴随	bànsuí	动	accompany
36. 棘手	jíshǒu	形	intractable, troublesome
37. 停放	tíngfàng	动	park
38. 补给	bǔjǐ	动	supply, replenish
39. 住宅	zhùzhái	名	residence
40. 包月	bāo//yuè	动	be of monthly subscription
41. 对外	duìwài	动	be open to the general public
42. 车型	chēxíng	名	vehicle model
43. 省事	shěng//shì	形 动	convenient; save trouble
44. 渠道	qúdào	名	channel
45. 潜在	qiánzài	形	potential
46. 充电桩	chōngdiànzhuāng	名	charging pile
47. 匹配	pǐpèi	动	match
48. 新能源	xīnnéngyuán	名	new energy
49. 车位	chēwèi	名	parking place
50. 爆满	bàomǎn	动	be in full capacity, be packed
51. 隐患	yǐnhuàn	名	hidden trouble
52. 允许	yǔnxǔ	动	allow, permit

53. 遍地	biàndì	副 动	all around; be found everywhere
54. 厕所	cèsuǒ	名	toilet, washroom
55. 应急	yìng//jí	动	respond to an emergency
56. 配置	pèizhì	动	configure
57. 不见得	bújiàndé	副	not necessarily
58. 储存	chǔcún	动	store
59. 排泄	páixiè	动	excrete
60. 水箱	shuǐxiāng	名	water tank, water box
61. 狭小	xiáxiǎo	形	narrow, poky
62. 密闭	mìbì	动	be airtight, be hermetic
63. 忍受	rěnshòu	动	bear, endure
64. 臭	chòu	形	smelly, stinky
65. 为止	wéizhǐ	动	end, cease
66. 莫过于	mòguòyú	动	nothing can surpass, nothing is more...than
67. 噪声	zàoshēng	名	noise
68. 都市	dūshì	名	metropolis, city
69. 无奈	wúnài	动	feel helpless and powerless

专有名词		
1. 小乔	Xiǎo Qiáo	name of a person
2. 河北	Héběi	Hebei (Province)
3. 燕郊	Yānjiāo	Yanjiao (the district in Hebei Province)
4. 国贸	Guómào	China World Trade Center
5. 天安门	Tiān'ān Mén	Tian'anmen
6. 深圳	Shēnzhèn	Shenzhen (in Guangdong Province)
7. 小张	Xiǎo Zhāng	name of a person
8. 小胡	Xiǎo Hú	name of a person

重点词

1. 开销

【名】一笔开销　生活开销　日常开销
额外的开销　巨大的开销　合理的开销
节省开销　控制开销　应付日常开销
开销不少　开销增大　开销累计起来
【动】足够开销　随意开销　开销不起

（1）一般来说，家庭最大的开销是买房。
（2）除了工资以外，爸爸晚上还出去兼职，这样才能应付两个孩子的学费和日常开销。
（3）这些年的开销累计起来也是一笔不小的数目了。
（4）接待这样一位大人物，得花费许多钱，这不是每个人都开销得起的。

2. 忽略

忽略细节　忽略危险　忽略家人
直接忽略　自动忽略　选择性地忽略
忽略不了　忽略不计

（1）这家工厂过分追求产品的数量，却忽略了产品的质量。
（2）忽略缺点而关注对方的优点，可以消除婚姻中的不少矛盾。
（3）局部性的东西，比较容易看到；而全局性的东西，则往往容易忽略。
（4）她眼神中的失落与无奈，谁都忽略不了。

3. 允许

允许进入　允许孩子玩儿游戏　允许用户使用
政策允许　条件允许　时间允许
得到允许　未经允许　决不允许

（1）写作考试允许学生查字典。
（2）下周我去深圳出差，时间允许的话，我会顺便去看望您。

（3）我原本想换一台新电脑，但目前的经济条件根本不允许啊。

（4）这里是私人住宅，未经允许，不得入内。

4. 储存

储存能量	储存信息	储存数据	
科学储存	自动储存	长时间储存	
储存下来	储存不了	储存了很久	
储存时间	储存设备	储存功能	储存量

（1）智能手机不仅储存量大，而且照片、文件等多种资料可以分类储存。

（2）这种食物采用真空密封包装，食用卫生方便，也便于储存较长时间。

（3）母亲很节约，总是把洗过菜和衣服的水储存起来冲马桶。

（4）我的电脑已经没有储存空间了，要不然储存在你的电脑里吧。

5. 忍受

忍受苦难	忍受病痛	忍受……的坏脾气
无法忍受	难以忍受	彼此忍受
忍受下去	忍受不了	忍受了好多年

（1）他再也忍受不了这里的恶劣环境了。

（2）我最近在节食减肥，身体一直处于忍受饥饿的状态。

（3）这里平均气温在40℃左右，即使不干活儿，只是站在这里也令人难以忍受。

（4）父亲酒后又乱发脾气，这次连一向冷静的哥哥也忍受不住了，气得冲出门去。

6. 无奈

感到无奈	出于无奈	被逼无奈
无奈地说	无奈地离开	无奈地叹了口气
无奈的语气	无奈的笑容	无奈的决定

（1）我知道群租有很多安全隐患，但实在是被逼无奈。

（2）他宣布退出决赛也是出于无奈，毕竟他的腿伤已经不允许他继续参加比赛了。

（3）她无奈地笑了笑，说：“尽管这不是最好的结果，但以我的条件来看，也只能如此了。”

（4）最终他做出了一个无奈的决定：先休学一年。

练一练：选词填空

开销	忽略	允许	储存	忍受	无奈

（1）随着互联网技术的高速发展，人类已经进入“云（　　）”时代了。

（2）母亲（　　）地掏出两百元递给儿子，轻声说：“你省着点儿花。”

（3）我们要增强自我保障意识，把自己的部分收入作为晚年必要的养老（　　）储存起来。

（4）爸爸不是不喜欢上学，而是当时家里的情况不（　　）他继续求学。

（5）疼痛感与每个人的（　　）力有很大关系。

（6）在一次工作中，她（　　）了细节，导致一系列问题随之而来。

（7）我现在用的这部手机是五年前买的，（　　）空间太小了，于是就跟妈妈提了要换手机的请求。妈妈说大姐在国外留学需要钱，二哥上大学的（　　）也不小，所以暂时没有钱给我换手机。我暗暗地想：为什么我的需求总是被（　　）？凭什么我要（　　）这些？我决定自力更生，自己赚钱换手机。我去网上找工作，可是依照中国法律的规定，未满十六周岁是不（　　）工作的。最后，我只好（　　）地接受现实，继续用这部旧手机。

语言点

1. 不……不……

紧缩复句。一般表示“要是 / 如果不……就不……”的假设关系；“不”所关联的可以是两个动词（短语）或两个形容词（短语），也可以是一个动词（短语），一个形容词（短语）。例如：

（1）咱们在学校南门集合，不见不散！

（2）棉衣不厚不暖和，这件正合适。

（3）这种果子不晒不红，所以需要很好的光照条件。

（4）她就是这样的人，东西不贵不买。

练一练：用“不……不……”改写下面的句子

（1）她很在意自己的外表，假如没化妆就不出门。

____

（2）我已经习惯吃中式早餐了，如果有天没吃到，就会感觉不舒服。

____

（3）我一搜索才知道，这件事早已在网上传开了。

____

（4）这种卫衣只有穿着宽松才好看。

____

2. Adj. + 下来

复合趋向动词的引申用法。表示某种状态开始出现并继续发展，前面多为“暗、安静”等可以表示由强到弱变化的形容词。例如：

（1）天色渐渐暗下来，路上的人也多了起来。

（2）灯光熄灭，电影院很快就安静了下来。

（3）通过科学健身和合理饮食，她真的瘦了下来。

（4）在大家的劝慰下，他终于平静了下来。

练一练：用“Adj. + 下来”完成下列句子

（1）退休后，她每天跳跳舞，种种花，生活节奏______________。

（2）我耐心地劝了他半天，______________________。

（3）老师一走进教室，________________________。

（4）时间久了，他对这个游戏的热情也______________。

3. 要么

连词。表示两种情况或两种意愿的选择关系。主要有两种常用情况：

（一）两个“要么”连用，分别放在两个小句的前面，前后两件事是对举的、互相排斥的。例如：

（1）要么你来，要么我去，反正我们得面谈一次。

（2）你们这些人，要么一个都不来，要么一下全来了。

（3）毕业以后，要么去深圳发展，要么回北京待在父母身边，除了这两个地方，她哪儿也不想去。

（4）最近一段时间，他要么忙着上课，要么忙着复习，根本没有时间出去玩儿。

（二）“要么”单用，放在第二个小句的开头。此时，第一个小句陈述情况，第二个小句表示意愿。例如：

（5）天已经黑了，要么你今晚就住在这里吧。

（6）高铁票没有买到，要么我们坐飞机走吧。

（7）这段时间大家都累了，要么我们休息几天再干吧。

（8）这个地方不远，要么你一个人去也行。

练一练：用“要么”完成下列句子或对话

（1）说好大家聚一聚，却总是找不到合适的时间，__________________。

（2）这块手表____________________________，怎么总是不准呢？

（3）A：麦克在吗？我找他有点儿事。

B：他出去了，____________________________，他带手机了。

（4）A：完了，我的手机屏幕摔碎了。

B：________________________________，反正都得花钱。

4. 不仅……也……还/更……

两层递进关系的复句。同样的还有“不仅……而且……甚至……”等，“不仅”也可以换成“不但”。例如：

（1）我这么没日没夜地努力，不仅是为了我自己，也是为了你，还/更是为了我们这个家。

（2）这款智能手机不仅屏幕大，上网速度也快，还/更能一次性通话 4 小时以上。

（3）玩儿游戏不仅花费了他所有的业余时间，而且一上瘾就很难控制住自己，他甚至为此跟父母争吵不断。

（4）这位日本留学生不但会说英语，而且会说普通话，甚至还会说几种汉语方言。

练一练：用“不仅……也/而且……还/更/甚至……”完成下列句子或对话

（1）学汉语不仅让我多掌握了一门语言，________________，更让我遇到了最爱的人。

（2）这份工作________________，而且减轻了父母的经济负担，甚至让我有余力资助了几位贫困生。

（3）他不但回避了这个问题，而且隐藏了不少信息，________________。

（4）A：你们聚会为什么总去那家火锅店？

B：________________。

5. 不见得

副词。表示一种主观的估计，意思是“不一定”；句中还常有“我觉得、我看、看样子”之类的词语。例如：

（1）我感冒一般不吃药，我觉得吃药也不见得有效。

（2）就算你真的找到她了，她也不见得愿意见你。

（3）他常常自我安慰：我不会做的题，别人也不见得会做。

（4）这幅画儿真是以假乱真啊，普通的买家不见得能辨别出来。

“不见得”也可以单独回答问题或者在句中做宾语。例如：

（5）A：他肯定会支持我们的方案。

B：不见得。

（6）你说她会来参加今晚的聚会，但我看不见得。

练一练：用“不见得”完成下列对话

（1）A：就咱们俩玩儿游戏，多没意思，叫上小张和小乔吧。

B：他俩最近都忙得不得了，________________。

（2）A：天气预报说今天有小雪。

B：看样子________________。

（3）A：房间亮着灯，她肯定在家。

B：________________。

（4）A：这些任务咱们今天能完成吗？

B：按现在的进度，____。

6. 到……为止

固定格式。动词“为止”表示“截止、终止”，“到……为止”多表示时间、进度等。例如：

（1）到 2023 年 2 月 4 日为止，北京城市轨道交通线路共计 27 条。

（2）这件事情就到此为止，以后咱们谁也不要再提了。

（3）他一喝酒就喝到醉、喝到吐为止，家人对此毫无办法。

（4）从 2001 年第一次独自旅行到今年为止，每次旅行我都会写下详细的经历和感受。

练一练：用“到……为止”完成下列句子或对话

（1）________________________，明天我们继续学习后面的内容。下课！

（2）我一吃薯片就停不下来，____。

（3）A：请问，这些统计数据是什么时候的？

B：我们提供的是____。

（4）A：我最近失眠很严重，你有什么可以快速入睡的好方法吗？

B：临睡前可以看看书，____。

7. 最……莫过于……

固定格式。强调某个事物或事件的某种性质达到了绝对最高级的程度；“莫过于”后面可以是名词（短语）、动词（短语）或小句。例如：

（1）对她来说，世上最重要的莫过于家庭。

（2）最让我难以忘记的莫过于教授临终时的嘱咐：一定要坚持下去，走出沙漠。

（3）人生最遗憾的事情莫过于轻易地放弃了不该放弃的。

（4）一天之中最放松的时刻，莫过于晚饭后全家人坐在一起聊聊天儿。

练一练：用“最……莫过于……”完成下列句子或对话

（1）对我来说，最好的礼物____。

（2）世界上最痛苦的事______________________________________。

（3）记者：在你看来，学习汉语最大的收获是什么？

留学生：______________________________________。

（4）A：过去一年里，你印象最深刻的是什么？

B：______________________________________。

课文理解与表达训练

1. 根据课文内容回答下列问题。

（1）什么是“北漂”？“漂”这个字主要反映出这类人群具有什么样的特点？

（2）“双城生活”是什么意思？双城生活带来的最大问题是什么？

（3）小乔原本打算怎么解决通勤时间长的问题？他为什么又放弃了这个念头？

（4）小乔为什么说房车“只要住够两年半，自己就赚了”？

（5）住上房车后的小乔，生活发生了哪些变化？他感觉如何？

（6）深圳的小张和小胡为什么决定将“家”搬进房车？

（7）房车给小张和小胡的生活带来了哪些变化？文中的“暂时”又透露出什么信息？

（8）房车生活需要面对哪些具体的现实问题？

2. 根据课文内容完成下面的表格并复述。

<table>
<tr><th colspan="2">比较项目</th><th>小乔</th><th>小张和小胡</th></tr>
<tr><td rowspan="2">以前</td><td>住房开销</td><td></td><td></td></tr>
<tr><td>通勤时长</td><td></td><td></td></tr>
<tr><td rowspan="4">现在</td><td>房车购置费</td><td></td><td></td></tr>
<tr><td>房车日常开销</td><td></td><td></td></tr>
<tr><td>通勤时长</td><td></td><td></td></tr>
<tr><td>生活体验</td><td></td><td></td></tr>
</table>

3. 动口与动手。

（一）假设你是一名房车销售员，请向客户推荐一款房车。要求：①阐述房车的各项优点；②对房车生活的潜在麻烦也要有所提及。

（二）汉字“室”是由“宀”“至”组成的会意字，表面字义是来“到”了可安居的“房子”。然而，从周朝典籍来看，它的实质意义应是指男女“到”了结婚年龄，拥有自己的“房子”。古代男女结婚前与自己的兄弟或姊妹同睡一室，一直到结婚后才能拥有专属于自己的家室。[1]

室

请介绍你们国家 / 地区男女成年 / 婚后的居住情况（独自居住 / 与父母同住 / 其他，租房 / 买房 / 其他）。

扩展阅读与练习

新“同居”时代——探索年轻人的全新居住方式

根据仲量联行最新发布的《缩小居住差距》报告，亚洲地区的千禧一代已不满足于仅仅共享办公空间与交通工具，他们倾向于一种新的共享形式——共享居住（Co-living），即具有相同兴趣和生活方式的人选择合住在大型的共享空间中。对于暂无购房意向的人群而言，共享居住提供了一个既满足需求又经济可行的解决方案，成为住在父母家、租赁单间或与人合租之外的又一选择。

研究表明，共享居住在亚洲地区正稳步发展，尤其是在房价居高不下的中国内地和香港。尽管学生和年轻上班族以合租形式生活在许多国家很常见，但共享居住与单纯的合租有所不同，其最大优势在于有专人对共享空间进行专业化管理。

大多数共享居住品牌运营商都强调其“社区”属性，即能提供多样化的服务内容，从瑜伽课程、电影放映、三餐和免费饮料，到邀请演讲嘉宾进行沟通交流，再到根据个人兴趣举办的培训班等，应有尽有。对于许多人而言，共享

① 选自《汉字树 5：汉字中的建筑与器皿》，廖文豪著，北京联合出版公司 2018 年出版。

居住与其他房屋租赁形式（如单身公寓和服务式公寓）的不同主要在于其被专业管理和运营的共享空间。

在中国，“共享居住”的概念起源于2012年的“YOU+国际青年社区”。截至2016年底，全国范围内已涌现出近90家共享居住品牌运营商。其中，万科“泊寓”是中国最大的共享居住运营商，管理着6万多套公寓；“YOU+”运营着16处物业，为用户提供共享居住空间；“魔方公寓”积极布局，已拥有约1.5万套公寓；“自如”则运营着7处物业，提供优质的居住服务。此外，“未来域”也管理着约1万套公寓，为共享居住市场贡献力量。

中国千禧一代的共享居住需求巨大。过去五年间，全国新增了4300万大学毕业生。鉴于全国一、二线城市房价高企的现状，他们至少需要3—5年才会开始考虑购买自己的住房。这意味着对于这些城市的新居民来说，他们的首个“家”很可能是租赁住房。因此，共享居住无疑是一个极具吸引力的选择。

受联合办公蓬勃发展的影响，一些共享居住品牌运营商正努力使租户能够更好地将工作与生活融合在一起。例如，北京的共享居住初创公司“共享际”不仅提供居住服务，还提供开放式办公空间、餐厅、健身房和活动场所等便利设施。

（来自微信公众平台“仲量联行JLL”，有删改）

根据短文内容完成下列练习（部分为多选题）：

1. 对暂无购房意愿的人来说，他们的选择可以有：
   A. 共享居住
   B. 与人合租
   C. 跟父母同住
   D. 自己租一个单间
2. 与单纯的合租相比，共享居住的最大优势是什么？
   A. 租金更便宜
   B. 有专人对共享空间进行专业化管理

C. 可以自由选择室友

D. 更保护个人隐私

3. 共享居住品牌运营商通常强调的“社区”属性体现在哪些方面？

A. 可以提供多样化的服务内容

B. 严格限制居民的社交活动

C. 强调个人隐私和独立性

D. 举办各类社区活动和培训课程

4. “自如”在中国共享居住市场中扮演了什么角色？

A. 最大的共享居住运营商

B. 提供单一居住服务的品牌

C. 运营着多处物业，提供优质的居住服务

D. 专注于高端市场的服务式公寓

5. 下面哪项是促使共享居住在亚洲地区快速发展的主要因素？

A. 高昂的房价

B. 政府对房地产市场的调控

C. 千禧一代对共享生活方式的偏好

D. 互联网和移动技术的普及

语言文化小常识

“车”的字源解说

甲骨文　金文　篆文　隶书　楷书　行书　草书

“车”的甲骨文（）是象形字，字形像某种器械，两边各有一个轮子（），中间是“甲”形的箱体（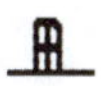），表示保护性的设备，人在箱体中可以避免受到攻击。据推测，最早的“车”是为战争发明的。利用牛马强大的爆发力

和持久的耐力，“车”可以快速进入和脱离敌方阵地，加上“车”的箱体提供某种“装甲”保护，手持武器的“车箱战士”可以居高临下地攻击步兵，大大增强了攻击威力和防御效果。到春秋战国时代，“车”在大型车战中已成为胜负的关键。

有的甲骨文（）中加轭（è）具（），表示依靠牛马拉动；有的甲骨文（）中省略了箱体（），也省略了轭具（），突出了“车”的“转轮”特征。金文字形多样，有的金文（、）强调轭具（、）；有的金文（）在甲骨文简体字形（）的基础上继续简化，以一轮代两轮。篆（zhuàn）文（）承续了简体金文字形。隶书（）承续了篆文字形。《汉字简化方案》中的简体楷书（）由草书字形（）整体简化而来，在正体楷书字形中，“田”所表示的轮形消失。

（改编自“象形字典”网站资料，网址为 https://www.vividict.com/Public/index/page/details/details.html?rid=11127）

22 游戏人生

本课学习重点

话　　题：游戏与生活

重 点 词：模仿　障碍　清晰　衡量　挫折　释放　争议

语 言 点：使得　以　若　所在　因

表达训练：介绍一种游戏

热　身

1. 下面列出了一些玩儿游戏的理由，请对照自己的情况勾选一下。如果有其他的，请补充。

□ 游戏本身很吸引我

□ 游戏可以让我获得一些技能训练（比如锻炼反应速度）

□ 游戏可以转移注意力（比如为某事焦虑时）

□ 游戏可以给我精神上的刺激（比如学习、生活无聊时）

□ 游戏可以让我融入一个群体（比如感到孤独时）

其他：______________________________

2. 你是否出现 / 见过游戏上瘾的情形？你有什么避免游戏上瘾的好方法吗？

课　文

22-01

游戏人生

玩儿游戏似乎是人类的一种本能。除了为我们带来纯粹的快乐以外，游戏也被视为一种技能练习和素质培养的方式。

从来回滚动皮球到用沙子搭一个城堡，再到模仿护士给玩具娃娃测量体温，游戏不但促进了骨骼和肌肉的生长，也让我们在与搭档的合作中学会了谈判和解决冲突的技巧，在一个相对零风险的环境中探索、练习成年后必需的各种行为和技能。不仅如此，跟学习乐器演奏一样，游戏对成年人大脑的锻炼也发挥着积极作用。它可以不断提高人的思维能力，有效减少阿尔茨海默病等认知障碍的发生。

过去几十年里，游戏工业创造了一套神奇的机制，使得游戏更能刺激人的参与热情。

发源于德国的桌上游戏（简称“桌游”）久盛不衰。作为一种面对面的游戏，桌游非常强调互动，因而成为家庭娱乐、朋友聚会，甚至商务休闲等多种场合中的最佳沟通方式，大家常常以游戏会友、交友。桌游的内容很广泛，涉及战争、贸易、文化、艺术、城市建设、历史等多个场景，大都使用纸质材料，加上精美的模型辅助。这种“规则游戏”[1]会给玩家非常清晰的指令，告诉你应该做什么，把你的注意力集中在一个个具体任务上。它有即时反馈系统，得分、过关、晋级都会给你一种明确的可衡量的进步感。多人游戏还会给你一种归属感，让你觉得自己属于一个集体。

---

① 斯米兰斯基（Smilansky）根据认知复杂性程度将游戏分为四个水平：功能游戏（如滚动皮球）、建构游戏（如搭积木）、假装游戏（如过家家）和规则游戏（如跳房子）。

你若觉得搭积木只是属于孩子的游戏，那就大错特错了。乐高作为风靡世界的玩具品牌之一，也受到越来越多成年人的喜爱。事实上，乐高积木不仅仅是一种玩具，更是一种可以让人充分发挥想象力和创意的游戏。一块块五颜六色的积木可以引发无限的组合可能和创意，这正是乐高积木的魅力所在。人们沉浸在这样的游戏里，既不会有挫折感，也不会觉得无聊，甚至感觉不到时间的流逝，因此许多成年人通过玩儿乐高释放压力，放松心情。此外，限量版乐高模型还有着很高的收藏价值。

如今，最受年轻人喜爱的莫过于电子游戏了。诸如《俄罗斯方块》和《模拟人生》这样的游戏，通过不断提高难度，使得玩家接受更大的挑战。在游戏的过程中，人们可以提高诸如手眼协调、时空推理、系统思考、问题解决等认知技能，锻炼时刻做出决策并立即付诸行动的能力，而这些从游戏中学到的技巧又可以运用到真实生活中去。一项研究发现，每星期玩儿电子游戏超过 3 小时的外科医生在手术中的犯错率比平时不玩儿游戏的同事低 37%。另一项研究则发现，从事白领工作的人如果经常玩儿电子游戏，会在工作中表现得更加自信，工作能力也更加突出。正因如此，越来越多的学习或培训机构将电子游戏作为辅助工具融入教学活动，以此激发学生的学习兴趣和参与热情。

当然，电子游戏也引发了很大的争议，它可能会导致人们被虚拟世界过度吸引，沉迷其中甚至渐渐脱离真实世界。这是因为电子游戏很好地利用了我们的心理机制，鼓励并强化我们的动机与行为，最终让我们欲罢不能。或许，当我们看清自己在这些游戏里的行为与斯金纳箱①里的老鼠或鸽子是多么相似时，我们就会更好地平衡玩儿游戏与学习和社会生活之间的需求了。

（根据资料自编）

---

① 以伯尔赫斯·弗雷德里克·斯金纳（Burrhus Frederic Skinner）名字命名的研究动物学习活动的实验仪器。斯金纳是美国心理学家、操作性条件反射理论的奠基者。斯金纳箱的具体实验过程请参看本课扩展阅读《为什么游戏抽卡如此上头？》。

词语表

22-02

生词	拼音	词性	翻译
1. 本能	běnnéng	名	instinct
2. 纯粹	chúncuì	形	pure
3. 素质	sùzhì	名	quality, diathesis
4. 来回	láihuí	副	to and fro
5. 滚动	gǔndòng	动	roll
6. 皮球	píqiú	名	rubber ball
7. 搭	dā	动	make, build
8. 城堡	chéngbǎo	名	castle
9. 模仿	mófǎng	动	imitate
10. 娃娃	wáwa	名	doll
11. 体温	tǐwēn	名	body temperature
12. 骨骼	gǔgé	名	skeleton
13. 肌肉	jīròu	名	muscle
14. 搭档	dādàng	名 动	partner; cooperate, work together
15. 必需	bìxū	动	be indispensable to
16. 乐器	yuèqì	名	(musical) instrument
17. 演奏	yǎnzòu	动	play (a musical instrument)
18. 阿尔茨海默病	ā'ěrcíhǎimòbìng	名	Alzheimer's disease
19. 障碍	zhàng'ài	名	obstacle, barrier
20. 机制	jīzhì	名	mechanism
21. 使得	shǐde	动	make, let, cause
22. 发源	fāyuán	动	originate
23. 简称	jiǎnchēng	动 名	shorten; abbreviation
24. 久盛不衰	jiǔshèng-bùshuāi		perpetuate
25. 面对面	miànduìmiàn		face to face

26. 互动	hùdòng	动	interact
27. 休闲	xiūxián	动	relax
28. 最佳	zuìjiā	形	optimum, best
29. 以	yǐ	介	with, by
30. 会友	huìyǒu	动	make friends
31. 广泛	guǎngfàn	形	wide, widespread
32. 涉及	shèjí	动	involve
33. 贸易	màoyì	名	trade
34. 精美	jīngměi	形	exquisite
35. 辅助	fǔzhù	动	assist
36. 玩家	wánjiā	名	(game) player
37. 清晰	qīngxī	形	distinct, clear
38. 指令	zhǐlìng	名	order, instruction
39. 即时	jíshí	副	immediately, instantly
40. 反馈	fǎnkuì	动	feed back
41. 过关	guò//guān	动	clear (a stage)
42. 晋级	jìn//jí	动	level up, game upgrade
43. 衡量	héngliáng	动	measure
44. 归属	guīshǔ	动	affiliate, belong to
45. 若	ruò	连	if
46. 积木	jīmù	名	toy brick
47. 大错特错	dàcuò-tècuò		be all wrong, completely mistaken
48. 风靡	fēngmǐ	动	be all the rage
49. 不仅仅	bù jǐnjǐn		not only
50. 魅力	mèilì	名	charm
51. 所在	suǒzài	名	ubiety
52. 沉浸	chénjìn	动	immerse

53. 挫折	cuòzhé	名 动	setback, frustration; set back, frustrate
54. 流逝	liúshì	动	elapse
55. 释放	shìfàng	动	release
56. 限量	xiànliàng	动 名	limit; limitation
57. 版	bǎn	后缀	version
58. 收藏	shōucáng	动	collect
59. 诸如	zhūrú	动	be like
60. 时空	shíkōng	名	space-time
61. 决策	juécè	动 名	decide; decision
62. 付诸	fùzhū		implement, execute
63. 外科	wàikē	名	surgery
64. 因	yīn	介	because of
65. 激发	jīfā	动	motivate, stimulate
66. 争议	zhēngyì	动	dispute, argue
67. 虚拟	xūnǐ	形 动	unreal, virtual; invented
68. 过度	guòdù	形	excessive
69. 动机	dòngjī	名	motivation
70. 欲罢不能	yùbà-bùnéng		can't help doing (sth.)
71. 鸽子	gēzi	名	pigeon

专有名词

1. 德国	Déguó	Germany
2. 乐高	Lègāo	LEGO
3. 俄罗斯方块	Éluósī Fāngkuài	Tetris game
4. 模拟人生	Mónǐ Rénshēng	The Sims
5. 斯金纳箱	Sījīnnàxiāng	Skinner box

重点词

1. 模仿

模仿动作	模仿发音	模仿笔迹	模仿艺术家
随便模仿	简单模仿	盲目模仿	
模仿不了	模仿得不错	模仿得一模一样	

（1）真没想到有人可以把我的声音模仿得这么像。

（2）我只是随便模仿了一下他的笔迹，不承想竟然以假乱真了。

（3）主持人问观众："大家觉得这位模仿者模仿得怎么样啊？"

（4）就算你可以模仿她的动作和神情，可她的那种气质你如何也模仿不出来。

2. 障碍

设置障碍	排除障碍	跨过障碍	
语言障碍	心理障碍	精神障碍	认知障碍
最大的障碍	严重的障碍	文化上的障碍	

（1）这种药物可以降低老年人记忆障碍及痴呆的发生率。

（2）电动自行车不遵守规则，造成了很大的交通障碍。

（3）门不当，户不对是我们俩之间最大的障碍。

（4）他们克服了气候差异、语言障碍、交通不便等各种困难。

3. 清晰

发音清晰	图像清晰	头脑清晰
清晰的画面	清晰的概念	清晰的答案
清晰地听到	清晰地意识到	清晰地表达出来

（1）这篇论文数据真实，逻辑清晰，结论可靠。

（2）制定一个清晰的目标对提高专注力有帮助。

（3）驾驶员通过驾驶室的监视器，可以清晰地观察到车后的一切情况。

（4）这篇报道将过去三十年中国人在环保方面所做的努力清晰地展现了出来。

4. 衡量

衡量得失	衡量个人能力	衡量事情的轻重
仔细衡量	无法衡量	用……标准衡量
衡量方法	衡量标准	

（1）在做出决定之前，我还是建议你衡量一下利弊。
（2）衡量生命的尺度不是长度，而是宽度和重量。
（3）用户一定要全面衡量、综合考虑，根据自己的实际情况选择合适的套餐。
（4）请问，贵公司衡量优秀员工的标准是什么？

5. 挫折

人生挫折	事业的挫折	巨大的挫折
遇到挫折	经历挫折	面对挫折

（1）他教会我以坚强的意志去面对每一次挫折。
（2）对于自尊心极强的学生，教师稍不注意就可能给他造成心理挫折。
（3）她被迫退学，大学梦从此破灭，这是她人生路上遇到的第一个挫折。
（4）我们总是渴望胜利，但同时又不得不面对挫折。

6. 释放

释放活力	释放内存	释放核能
缓慢释放	充分释放	集中释放
释放出来	释放不了	释放得很慢

（1）现代人承受了很多压力，但又大多不会有效释放。
（2）压抑多年的住房需求彻底释放，房地产行业开始爆发式成长。
（3）生气解决不了问题，你得把这些坏情绪通通释放出来。
（4）这种材料会缓慢释放有毒物质，对人体造成伤害。

7. 争议

引起争议	充满争议	起争议

对……有争议　在……上存在争议
争议了一个世纪

（1）这种添加剂甜度高，广泛应用于各类食品中，但其安全性存在争议。
（2）现代足球到底是防守重要还是进攻重要，这是一个充满争议的问题。
（3）对于这个治疗方法的效果与副作用，医学界还有不小的争议。
（4）两个村子为一块地的归属问题争议了二十多年。

练一练：选词填空

模仿　障碍　清晰　衡量　挫折　释放　争议

（1）健身房的广告牌上写着："锻炼身心，（　　）压力。"
（2）我觉得咱俩有沟通（　　），还是别再聊下去了，免得闹得不愉快。
（3）二号选手口齿（　　），表达流畅、有逻辑，获得了评委的一致好评。
（4）孩子喜欢（　　）大人的言行，所以家长一定要为孩子树立良好的榜样。
（5）关于这个问题，社会上存在广泛的（　　），我暂时不想明确表达自己的立场。
（6）在人生的道路上，（　　）是不可避免的，但正是这些困难与挑战让我们更加坚强和成熟。
（7）（　　）一个国家的进步程度，不能只看其经济总量的增长，还要看人民的生活质量和社会福利的提升。
（8）在艺术创作初期，（　　）其他艺术家的作品是一种常见的做法，这是学习不同技巧和表达方式的有效方法。随着时间的推移，个人风格也会逐渐（　　）。然而，艺术创作之路并非一帆风顺，会遇到各种（　　）和挑战，可能是技术层面的，也可能是创意层面的。（　　）作品好坏的标准确实具有很强的主观性，观众对作品的认可和喜爱程度、当时的社会背景和文化因素等都会对评价产生影响。有趣的是，许多在创作之初引发（　　）的作品最终都成了后世经典。这提醒我们，不应让他人的消极评价成为创作路上的（　　）。创作者应该不断提升自己的技能水平，并在创作中（　　）热情，勇敢表达自己的思想。

语言点

1. 使得

动词。表示某种意图、计划、事物引起一定的结果；后面常带小句做宾语。例如：

（1）40 ℃的高温使得室外安装工人浑身上下湿了个透。

（2）这个全新的设计使得乘坐空间视野开阔明亮。

（3）广告宣传使得这个活动更加引人注目，大大提高了大众的参与度。

（4）本场比赛守门员表现出色，扑出一个个险球，使得 0 : 2 的比分一直保持到终场。

练一练：用“使得”改写下列句子

（1）这场大火导致四万多人无家可归。

____

（2）因为宜人的气候和美丽的黄金海岸，三亚成为冬天的热门旅游目的地。

____

（3）共享单车的出现有效解决了城市“最后一公里”的出行难题。

____

（4）中外学生同堂上课，彼此都获得了充分接触不同文化的机会。

____

2. 以

介词。表示凭借、借助，意思相当于“用、拿”；主要用于书面表达。例如：

（1）他以老朋友的身份劝我放弃这个计划。

（2）我将以实际行动证明自己的价值。

（3）北京、上海等一线城市以优越的条件吸引着各领域的人才。

（4）各位选手，接下来的问题请以汉语回答。

练一练：用“以”改写下列句子（注意加点字的语体特征）

（1）他擅长书法，在最艰难的时期，曾经用字换钱。

____

（2）用学生的成绩衡量老师的教学效果是否合理？

____

（3）拿健康换取美丽，值得吗？

____

（4）哈尔滨人民拿出最大的热情欢迎来自远方的客人。

____

3. 若

连词。意思是“如果”，表示假设；常用在假设复句“若……就 / 便 / 那（么）……”中；多用于书面表达。例如：

（1）若处理不好，这个小问题就可能引发更大的问题。
（2）若不是她好心提醒，我便会错过这个难得的机会。
（3）若你不愿意与我同去，那我可以再找其他人。
（4）她若不想来，我们也不强迫。

练一练：用“若”完成下列句子

（1）______________________________，我是否要告诉她呢？
（2）____________________________，身体就会受到更大的伤害。
（3）________________________，我简直无法想象世界会成为什么样子。
（4）______________________________，恐怕我会后悔一辈子。

4. 所在

名词。表示“存在的地方”。例如：

（1）只有沟通才能发现问题所在。
（2）知道自己的兴趣所在，才能更好地开发自己的潜力。
（3）有人认为婚姻才是真正的幸福所在，我无法认同这个观点。
（4）语言关是出国留学的关键所在，将直接影响出国后的学习、生活和社交。

练一练：用“所在”改写下列句子

（1）反复练习、敢于开口是学好外语的关键。

____

（2）能够模拟人类智力发展和思维是人工智能最神奇的地方。

____

（3）将学生培养成具有创新精神和实践能力的人，是教育的根本。

____

（4）盲目相信陌生人就是最大的危险。

____

5. 因

介词。表示原因；用法跟“因为”基本相同；主要用于书面表达。例如：

（1）因病请假不按缺课处理，但需要按照学校规定提供相应的证明。（规章制度）

（2）很抱歉通知您，本次活动因故改期，后续将重新安排活动时间及地点，敬请关注。（活动通知）

（3）在新的领域或面对复杂的任务时，他常因缺乏经验而失败。

（4）他们因产品创意问题争议了一个上午。

练一练：用“因”完成下列任务

（1）写一则广播通知：天气、航班

旅客朋友们，______________________________。请您在候机区耐心等待，注意收听广播通知。如有任何疑问或需要协助，请联系机场工作人员。感谢您的理解与配合！

（2）写一封请假信：身体、上课 / 会议

尊敬的老师 / 领导：

您好！______________________________

____。

非常感谢您的理解，期待得到您的批复。

此致

敬礼！

× × ×

× × 年 × × 月 × × 日

（3）改写句子（注意加点词语的书面语转换）：

A. 她没有受到公司的重视，所以辞职了。

____

B. 他这场比赛表现很好，得到了“最佳球员”称号。

____

课文理解与表达训练

1. 根据课文内容回答下列问题。

（1）为什么说玩儿游戏是人类的本能？

（2）朋友聚会等场合选择桌游的原因是什么？

（3）乐高积木作为一种游戏，具备哪些特点？

（4）简述电子游戏的好处和坏处。

2. 每一种游戏都有多种功能和用途，请连线并具体说明。

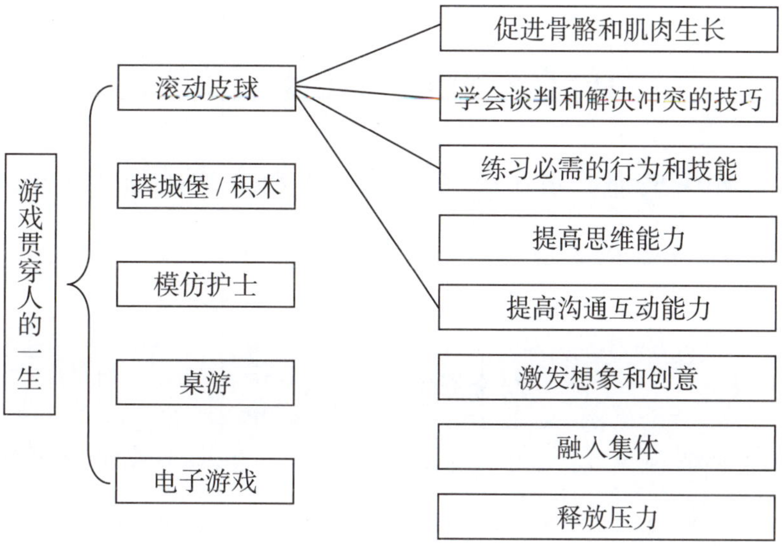

举例说明：

小时候我们玩儿滚动皮球这种看起来很简单的游戏，它不但可以促进骨骼和肌肉的生长，也可以练习到长大后必需的行为和技能。比如对某一物体的控制力，因为在游戏过程中，我们会尽力控制皮球的行进方向和路线，会调整用力的大小。如果我们跟其他小朋友一起滚动皮球，这一行为还可以培养沟通互动、谈判和解决冲突等能力。比如：我们不能忽略了其他小朋友，只跟一个小朋友玩儿；如果某个小朋友一直控制着皮球，我们该怎么办？

3. 动口与动手。

（一）根据斯米兰斯基的游戏分类，填写下表。

游戏类型	课文举例	你熟悉 / 喜爱的游戏
功能游戏	滚动皮球	
建构游戏	搭城堡 / 积木	
假装游戏	模仿护士给娃娃测量体温	
规则游戏	桌游	

（二）选择其中一种游戏，详细说明：①这个游戏如何玩儿；②这个游戏可以让你收获什么（技能上 / 身体上 / 心理上等）。

扩展阅读与练习

为什么游戏抽卡如此上头？

很多流行的游戏中都应用了行为心理学家斯金纳的理论，让我们看看斯金纳的箱子里有什么吧。

一

斯金纳箱是什么？

心理学家斯金纳有三大爱好：制造各种小玩意儿（比如一个提醒他每天挂好睡衣的机械装置）、观察动物的行为（他对小时候看过的一场鸽子救火的表演念念不忘），以及理解人类的行为（很遗憾，他的第一志愿是成为作家）。

斯金纳箱是他发明的一个小玩意儿，研究对象是老鼠或鸽子。把老鼠或鸽子放进一个小小的隔音箱里，它们四处乱窜，不小心按压了一根摇杆或一个按键，食物就会从箱子里冒出来。这个行为重复几遍后，老鼠学会了摇摇杆，鸽子学会了按按键。

游戏就是斯金纳箱

本质上，游戏就是一个体系庞大而复杂的斯金纳箱。玩家进入游戏，每个操作背后都暗含了某种奖励——它既可以是从天而降的金币，也可以是消灭怪物带来的成就感，还可以是团队作战时紧密联结的情感体验。越是精妙的游戏，越能给你超出想象的奖励，让你不自觉地、一次又一次地踏入这个斯金纳箱。

二

惩罚不如奖励持久

斯金纳做的第二个实验是给箱子通电且不给食物。老鼠很无辜，唯一能让它好受一点儿的办法是：按压摇杆，电击就中断片刻。就这样没有奖励，只有惩罚，老鼠也学会了摇摇杆。然而，惩罚虽然有用，却不如奖励持久。一旦给箱子断电，老鼠就不再摇摇杆了。而在前一个实验里，哪怕不给食物，老鼠也会摇上一阵儿才停歇。

双重强化

游戏里也不只有奖励。有的游戏有每日签到任务，要是玩家某次中断了打卡，本来到手的奖励就没了，这是一种变相的惩罚。更多时候，奖励和惩罚总是一起出现，形成双重强化。有时玩家也不知道这一次摇动摇杆或按下按键后，迎来的会是梦寐以求的宝箱，还是突然冒出的怪物。

三

升级版斯金纳箱

在给老鼠喂食物的实验中，斯金纳做了一些调整。当老鼠摇摇杆时，食物不会每一次都出现，而是每摇三次食物才出现一次，老鼠很快就掌握了这个规律。

斯金纳又进一步做了一些改进：不固定频率，而是固定概率、随机地给食物——谁也不知道食物什么时候会出现。结果老鼠摇得更起劲了。当食物出现的概率被一点点调低至2%，也就是50次里才出现1次时，老鼠还在不知疲惫地摇——显然，老鼠上瘾了。

付费抽卡

许多游戏都有付费抽卡机制。当你花了钱，进入卡池，连抽几发（一发即十连抽）都没有你想要的时，你会感到十分不甘心。于是，一边计算着已经抽了多少发，一边想着“一发入魂”，你又抽了几发。终于抽中了！你心满意足，并决定再抽一发。

不同级别的卡有不同的抽中概率。在某个游戏里，最高等级的卡的抽中概率是 0.6%，也就是约 166 次才能抽中 1 次。这还不是最夸张的。有一位玩家为了获得新年生肖限定角色，连抽了 2276 次，总花费 33.5 万元。

四

灯

在斯金纳箱里，还有一个特别的设置——一盏小灯。当食物在某一刻出现时，这盏灯也会变亮。斯金纳后来做了一个调整：不出现食物，但让灯变亮。结果是，看到灯亮，鸽子（老鼠对明暗程度不敏感）继续疯狂地按按键，像获得了食物一样有劲。

那些华丽的抽卡特效

在某个游戏里，抽卡之前会有许多繁复的仪式：用手画一张符（随你怎么画），特定咒语响起（随你怎么理解），然后金光一闪，卡片现身。一位游戏玩家声称对此仪式非常痴迷，当他集齐所有卡后，没事儿还会再抽两张，“就爱听这声响儿”。

五

祈祷的鸽子

在后续一个实验里，斯金纳先喂饱鸽子，再让它们饿上几天，然后让它们每天进箱子里待上几分钟——那正是鸽子饿到发昏的时候。无论鸽子是否按按键，箱子里每 15 秒都会出现一次食物。几天下来，这些鸽子不仅没忘“按按键才能获得食物”，还有四分之三的鸽子出现了一些迷惑行为：按按键之前，有的鸽子会先逆时针转两圈，有的鸽子会把头伸向角落，有的鸽子则不停地抬头，仿佛在虔诚地祈祷“食物啊食物，食物啊食物”。

玄学式抽卡

关于如何在游戏里抽出一张好卡，玩家们积攒了大量经验，总结出一份详细的攻略：

1. 时间点很重要，建议半夜 12 点抽。

2. 地点很重要，博物馆和墓地都是好地方。

3. 服装很重要，最好穿上角色的 COS 服。

4. 抽卡前的行为很重要，先上一次厕所。

5. “人品守恒”，所以得先抽几张坏卡。

6. 有条件的话，找抽中好卡的人蹭蹭“欧气”。

…………

（声明：绝不保中。）

六

一万多次才能停下

如果食物没了，那些对按按键上瘾的鸽子还会继续“祈祷”吗？斯金纳用实验证明：会。而且，有的鸽子“祈祷”了一万多次之后才终于停下。

“给我们一些新玩意儿”

如果一个游戏不好玩儿了，玩家还会继续玩儿吗？

这个答案当然因人而异。但一位游戏制作人说，斯金纳箱理论只能让一个新游戏好上手一些——事实上，斯金纳箱理论最初提出时，是想探讨如何让人快速学习，斯金纳本人也热衷于推广自主教育——而一个足够好的游戏，应该创造丰富的体验，触发更多的情感。“老实说，我很高兴听到玩家说‘我们很无聊，给我们一些新玩意儿’。”

（改编自《流行是怎样被制造出来的？》，作者李婷婷，《少年新知》2024 年第 1 期）

根据短文内容判断下列句子的对错，错的请说明原因。

（1）游戏操作背后的各种奖励如同斯金纳箱中的食物一样。（　　）

（2）因为操作之后迎来的可能是惩罚，所以玩家会谨慎操作。（　　）

（3）抽卡游戏中，即使抽中了，有些玩家也会控制不住地继续游戏，这完全是因为他对奖励的渴望。（　　）

（4）游戏中设置的特定仪式会让人上瘾。（　　）

（5）鸽子出现了“祈祷”行为，因为它们发现“祈祷”后就会得到食物。（　　）

（6）玩家穿上角色 COS 服之后抽中的概率明显提高，是因为这种装扮跟抽中之间的确有一种神秘的联系。（　　）

（7）玩家跟“祈祷的鸽子”一样，即使游戏不好玩儿了，也会继续玩儿。（　　）

（8）斯金纳认为一个好的游戏可以促进自主学习。（　　）

语言文化小常识

七巧板

七巧板，又称“七巧图”或“智慧板”，是中国民间流传甚广的一种智力玩具。顾名思义，它由七块板巧妙组合而成。传统的七巧板由五块等腰直角三角形、一块正方形以及一块平行四边形构成（如图 1 所示）。利用这些板块，玩家可以拼出超过 1600 种的图形，包括三角形、平行四边形、不规则多边形等；还能富有创意地拼出各种具象图案，如人物、动物、桥梁、房屋、塔楼等；甚至还能拼出字母和数字（如图 2 所示）。现代智力七巧板进一步创新，由七块形状各异的几何图板构成，巧妙地融入了排列组合和线性规划的原理。由于加入了半圆形和圆形，现代七巧板可以拼出的图形更加灵活多变（如图 3 所示）。

图 1

图 2

图 3

制作七巧板是一件十分简单的事，只需要一张卡纸、一把尺子、一把剪刀和几支彩笔。现在就动手做一个属于你的七巧板吧！

（改编自百度百科“七巧板”词条）

23 举头望明月

本课学习重点

话　　题： 人与自然·太空
重 点 词： 占据　崇拜　依赖　循序渐进　轻而易举
语 言 点： 于　有助于　前者……后者……
表达训练： 语段仿写

热　身

1. 在中国人眼中，月亮是有生命的。它虽然沉默不语，但能装下世间所有人发自内心的呼唤。请有感情地朗诵下面的歌词 / 诗词。

月亮代表我的心（节选）　作词：孙仪

你问我爱你有多深 / 我爱你有几分 / 我的情也真 / 我的爱也真 / 月亮代表我的心

月下独酌（节选）［唐］李白

花间一壶酒，独酌（zhuó）无相亲。
举杯邀明月，对影成三人。

水调歌头·明月几时有　［宋］苏轼

明月几时有？把酒问青天。不知天上宫阙（què），今夕是何年。我欲乘风归去，又恐琼（qióng）楼玉宇，高处不胜寒。起舞弄清影，何似在人间。

转朱阁（gé），低绮（qǐ）户，照无眠。不应有恨，何事长（cháng）向别时圆？人有悲欢离合，月有阴晴圆缺，此事古难全。但愿人长久，千里共婵娟（chánjuān）。

2. 你们国家的文化中有关于月亮（神）的神话传说或者艺术创作（诗歌/绘画等）吗？有的话跟大家分享一下。

课 文

23-01

举头望明月

无论在哪个古代文明的神话中，月亮之神都占据着重要地位。古埃及、古希腊、苏美尔的神话中都有月亮女神，中国也流传着“嫦娥奔月”的美丽传说。古人对于月亮的崇拜是由所处的自然条件决定的，反映出古人对大自然的依赖和敬畏。古时候，人们还没有学会使用火，每当太阳落山，大地便被黑暗笼罩，只有月亮能带来光亮。在黑夜带来的恐惧面前，人们本能地依赖月光，享受月亮带来的安全感。

在古人眼中，月亮神秘而浪漫。飞上月亮，是人类千百年来的梦想。

1959 年，苏联发射的“月球 1 号”无人探测器飞到月球附近，进行绕月飞行，开始了人类对月球的探索考察。1969 年 7 月 20 日，美国的“阿波罗 11 号”宇宙飞船载着三名宇航员成功登上月球，尼尔·阿姆斯特朗在踏上月球表面这一历史时刻，说出了“这是我个人的一小步，但却是全人类的一大步”的经典之言。

随着经济和技术的飞速发展，中国在开展了人造地球卫星和载人航天工程之后，于 2004 年 3 月 1 日正式启动月球探测工程，并命名为“嫦娥工程”。依照循序渐进的原则，嫦娥工程分为“无人月球探测”“载人登月”和“建立月球基地”三个阶段。截至 2020 年底，我们已经完成了第一阶段的绕月探测、落月探测、采样返回探测（简称“绕、落、回”）。2023 年 5 月，中国载人月球探测工程登月阶段任务开始启动实施，计划在2030年前实现中国人首次登陆月球。

人类对月球的向往不仅源于对未知世界的探索欲望，也因为月球本身具有很高的科学研究价值。首先，月球的引力作用导致地球海洋的潮汐现象，这对海洋生物甚至整个地球生态系统有着重要的影响。因此，对月球的研究有助于人类更深入地理解地球自身的运行规律和生态系统。其次，月球上保存着地球上难以找到的可以探索宇宙演化的"历史原件"，而且其特有的真空和弱重力环境在地球上也无法完全模拟。可见，月球不但是研究宇宙演化的天然博物馆，也是独一无二的实验场所。

飞到月亮上，人类在半个世纪前就做到了。那你有没有想过住到月亮上去呢？显然，这不是一件容易的事情。首先得想办法生产出人类生存所必需的水，一旦拥有了水资源，制取氧气就变得轻而易举。可是在光秃秃的月球上，到哪里去找水呢？说来巧了，月球上还真有这样的地方。

类似于地球的南极和北极，月球也有两极。同样，月球的两极也有极昼和极夜现象。月球表面凹凸不平，有些地方几乎一直可以照到阳光，有些地方则几乎一直没有阳光。前者能让我们持续不断地把太阳能转化成电能，而后者意味着可能存在长年不化的固态水。根据比较乐观的估计，月球土壤中冻结的水量极为庞大，只要开采其中的一小部分，并借助现有的水资源循环利用技术，就可以建立长期居住的月球社区。此外，有科学家提出，月球的土壤和岩石中含有的一些矿物质、放射性元素可以为人类提供能源。有了水、氧气和能源，人类在月球上定居的梦想似乎不再遥不可及。

走出母星，走向星际，无疑标志着人类所创造的文明达到了一个里程碑式的新高度。希望有朝一日，去月球居住会变成平淡无奇之事；更希望有朝一日，月球只是人类太空交通网中一个普普通通的"节点"。

（选自《奇趣博物馆·举头望明月》，作者曹雨捷等，中国少年儿童出版社2021年出版，有删改）

词语表

23-02

生词	拼音	词性	翻译
1. 望	wàng	动	look at, gaze, watch
2. 神	shén	名	god
3. 占据	zhànjù	动	occupy
4. 嫦娥奔月	Cháng'é bēn yuè		(a Chinese legend) the Goddess Chang'e flies to the moon
5. 崇拜	chóngbài	动	adore, idolize
6. 依赖	yīlài	动	rely/depend on
7. 敬畏	jìngwèi	动	revere
8. 每当	měidāng	介	whenever
9. 大地	dàdì	名	mother earth
10. 笼罩	lǒngzhào	动	cover
11. 光亮	guāngliàng	名 形	brightness; bright
12. 月光	yuèguāng	名	moonlight
13. 发射	fāshè	动	launch, shoot
14. 月球	yuèqiú	名	moon
15. 探测器	tàncèqì	名	detector
16. 绕	rào	动	move round, circle
17. 宇宙	yǔzhòu	名	universe, cosmos
18. 飞船	fēichuán	名	spaceship, spacecraft
19. 载	zài	动	load, carry
20. 宇航员	yǔhángyuán	名	astronaut
21. 踏	tà	动	step, tread
22. 飞速	fēisù	副	at full speed
23. 人造	rénzào	形	man-made, artificial
24. 卫星	wèixīng	名	satellite

25. 航天	hángtiān	动	launch into space, fly in space
26. 于	yú	介	in, at, on
27. 启动	qǐdòng	动	start (up)
28. 命名	mìng//míng	动	name
29. 循序渐进	xúnxù-jiànjìn		(proceed) step by step
30. 基地	jīdì	名	base
31. 截至	jiézhì	动	as of, be up to
32. 采样	cǎiyàng	动	sample
33. 返回	fǎnhuí	动	return, come/go back
34. 首次	shǒucì	数量	first time
35. 源于	yuányú		originate, stem from
36. 本身	běnshēn	代	oneself
37. 引力	yǐnlì	名	gravitation, gravity
38. 潮汐	cháoxī	名	tide
39. 生物	shēngwù	名	creature, biology
40. 生态	shēngtài	名	ecology
41. 有助于	yǒuzhùyú	动	contribute to, help, assist
42. 运行	yùnxíng	动	move, be in motion
43. 演化	yǎnhuà	动	evolve
44. 原件	yuánjiàn	名	original copy
45. 真空	zhēnkōng	名	vacuum
46. 重力	zhònglì	名	gravity
47. 模拟	mónǐ	动	simulate
48. 天然	tiānrán	形	natural
49. 博物馆	bówùguǎn	名	museum
50. 独一无二	dúyī-wú'èr		unique
51. 制取	zhìqǔ		produce

52. 氧气	yǎngqì	名	oxygen
53. 轻而易举	qīng'éryìjǔ		easy
54. 光秃秃	guāngtūtū	形	bare, bald
55. 南极	nánjí	名	South Pole, Antarctic
56. 北极	běijí	名	North Pole, Arctic
57. 极昼	jízhòu	名	polar day
58. 极夜	jíyè	名	polar night
59. 凹凸不平	āotū-bùpíng		uneven, full of bumps and holes
60. 前者	qiánzhě	名	the former
61. 太阳能	tàiyángnéng	名	solar energy/power
62. 后者	hòuzhě	名	the latter
63. 长年	chángnián	副	all year round
64. 固态	gùtài	名	solid
65. 估计	gūjì	动	estimate
66. 土壤	tǔrǎng	名	soil
67. 冻结	dòngjié	动	freeze
68. 庞大	pángdà	形	enormous, gigantic
69. 开采	kāicǎi	动	mine, exploit
70. 借助	jièzhù	动	have the aid of, be with the help of
71. 岩石	yánshí	名	rock
72. 放射性	fàngshèxìng	名	radioactivity
73. 定居	dìng//jū	动	settle (down)
74. 遥不可及	yáobùkějí		out of reach
75. 星际	xīngjì	形	interstellar
76. 里程碑	lǐchéngbēi	名	milestone, landmark
77. 高度	gāodù	名 形	height; high
78. 有朝一日	yǒuzhāo-yírì		one day (in the future)

79. 平淡	píngdàn	形	common, insipid
80. 太空	tàikōng	名	space
81. 节点	jiédiǎn	名	node, nodal point

专有名词

1. 埃及	Āijí	Egypt
2. 苏美尔	Sūměi'ěr	Sumer
3. 苏联	Sūlián	the Soviet Union
4. 阿波罗	Ābōluó	*Apollo*
5. 尼尔·阿姆斯特朗	Ní'ěr Āmǔsītèlǎng	Neil Armstrong (name of a person)

重点词

1. 占据

占据地盘　占据优势　占据一片很大的面积　占据不少比重
完全占据　非法占据　长期占据

（1）我们要保证在产品质量和服务上占据市场优势。
（2）当满足感占据内心，幸福感便会油然而生。
（3）大众汽车（Volkswagen）曾长期占据中国汽车市场销量榜首。
（4）我的头脑已经被烦恼占据，根本没有精力去考虑你说的问题。

2. 崇拜

崇拜英雄　崇拜偶像　崇拜军人
疯狂崇拜　盲目崇拜　自我崇拜
崇拜得五体投地　崇拜了一辈子

（1）他从小崇拜英雄，幻想着自己也能成为英雄。
（2）小时候，我对老师崇拜得不得了。
（3）盲目崇拜偶像可能会使人失去自我判断能力。

（4）在企业的宣传和影响下，不少消费者陷入品牌崇拜中，盲目追求名牌，忽视了产品质量和性价比。

3. 依赖

依赖（于）别人　依赖（于）家庭　依赖（于）援助
完全依赖　过分依赖　互相依赖
经济依赖　精神依赖　技术依赖
依赖心理　依赖性

（1）工业生产完全依赖钢铁供应。
（2）国内购买力下降，许多商品的销路依赖于国外市场。
（3）进一步摆脱对发达国家的技术依赖，是眼下工作的重中之重。
（4）有的人对某些药物抱有依赖心理，认为只有吃药才能保证身体健康。

4. 循序渐进

解释：（学习、工作）按照一定的步骤逐渐深入或提高。

循序渐进的习惯　循序渐进的方法　循序渐进的原则
循序渐进地发展　循序渐进地培养　循序渐进地提高

（1）如果采用循序渐进的色彩变化，就能保持画面的整体和谐。
（2）依照循序渐进的原则开展活动，其实是一种更加高效的策略。
（3）赛前，教练循序渐进地锻炼队员们的高山适应能力。
（4）随着教学计划的推进，学生们可以循序渐进地掌握所学的知识和技能。

5. 轻而易举

解释：形容事情很容易做，不费力，省事。

轻而易举的事情　轻而易举的工作　轻而易举的成功
轻而易举地完成　轻而易举地解决　轻而易举地超过

（1）他轻而易举地获得了同伴们的信任。
（2）使用 Sora（人工智能视频生成软件）可以轻而易举地生成各种风格的视频画面。

（3）改掉一个多年的坏习惯，不是一件轻而易举的事情。

（4）世界上没有轻而易举的成功。

练一练：选词填空

占据	崇拜	依赖	循序渐进	轻而易举

（1）在现代社会加强对自然的（　　），意味着要尊重自然，保护生态环境，学会与自然和谐共生，实现可持续发展。

（2）原本以为（　　）的事情，在真正实施的过程中却充满了挑战和变数。这是因为我们只看到了事情的表面，而没有深入了解其背后的复杂性和难度。

（3）最近五年，工作（　　）了我的大部分时间，我每天都感觉身心疲惫。

（4）中国人说“一口吃不成个胖子”，意思就是无论做什么事情都要（　　），不要急于求成。

（5）过度（　　）他人会使我们失去独立思考和自主行动的能力。

（6）成为母亲之后，孩子成了我生活的重心，（　　）了我绝大多数的时间。孩子纯真的笑容如同初升的太阳，温暖而耀眼。他对我的（　　）让我感受到无尽的母性力量，这份责任感也促使我更加坚强和勇敢。每当他仰着小脸，用充满（　　）的眼神望着我，甜甜地说出“妈妈，你好厉害！”的时候，我感觉自己所有的付出都得到了回报。遇到的多少艰难和困苦，都仿佛变得微不足道，再难的事情也将变得（　　）。我知道，孩子的成长是一个（　　）的过程，我只有不断学习、不断进步，才能跟上他成长的脚步。

语言点

1. 于

介词，用于引出某个事件发生的时间或处所；主要用于书面表达。有两种格式：

（一）动词＋于＋时间 / 处所

（1）孔子出生于公元前 551 年。

（2）辣椒原产于美洲，大约 16 世纪下半叶传入中国。

（3）刘凡本科毕业于北京一所“双一流”大学。

（二）于 + 时间 / 处所 + 动词

（4）这所学校于 2014 年 9 月 1 日正式挂牌成立。

（5）于 2023 年年初，我下定决心要报考贵校的硕士研究生，并为此制订了详细的学习计划。

（6）第三十四届奥运会将于 2028 年在美国洛杉矶举行。

练习：用“于”改写句子（注意加点词的书面语体特点）

（1）大熊猫主要在中国西南山区生活。

____

（2）我自幼学习汉语，并在 2024 年获得了中文水平考试高等证书。

____

（3）科比（Kobe Bryant）2020 年 1 月 26 日因直升机事故去世。

____

（4）她在北京出生，在上海长大，人们却称她“敦煌（Dunhuang）的女儿”。

____

2. 有助于

动词。表示某种事物或行为对于达到某个目标或结果有帮助或有积极作用；表达相反的意思可用“无助于”。例如：

（1）科技创新有助于推动社会进步。

（2）参加专业培训课程有助于掌握最新的行业知识和技能。

（3）在项目开展过程中，及时沟通有助于保持团队成员工作同步和协调，提高工作效率。

（4）阅读是提升学习能力的重要途径之一。广泛的阅读有助于拓宽知识面、培养思维能力和提高语言表达能力。

（5）这种做法不仅无助于解决问题，还容易激化矛盾。

练一练：

（一）用“有助于”改写下列句子

（1）经常与中国人交流是深入了解中国文化的有效途径。

____

（2）制订明确的计划和目标是提升学习和工作效率的关键。

____

（3）合理饮食、适当运动、改善生活习惯可以更好地控制体重。

____

（4）可以通过参加社交活动扩大社交圈，提升社交能力。

____

（二）用“有助于”总结概括下列语段的中心句

（1）______________________。定期体检能够让我们及时了解自己的身体状况，预防疾病的发生，或者在疾病初期就进行干预和治疗，从而提高生活质量并降低治疗成本。

（2）______________________。积极的心态能够使我们在面对困难时更加坚定和勇敢，积极地寻找解决问题的办法；同时，积极的心态还能够提高我们的自信心和适应能力，使我们更好地应对生活中的各种挑战。

（3）______________________。在睡眠过程中，身体能够得到充分的休息，为第二天的工作和生活储备能量。同时，睡眠还能够清除大脑中的代谢废物，保持思维的清晰和敏捷。缺乏充足的睡眠则会导致疲劳、注意力不集中、记忆力下降等问题，严重影响工作效率和创造力。

（4）______________________。在学习过程中，大量输入是接触和吸收更多信息与知识的关键所在。通过接触各种观点和理论，学习者可以形成更深刻的理解和更广阔的视野。同时，大量输入还能有效激发思考，促进知识的内化与融合。当学习者遇到新信息时，他们会自然而然地将其与已有的知识体系相结合，进行深入的分析与思考，从而不断提升自己的认知水平和思维能力。

3. 前者……后者……

“者”是书面语助词，用在“前、后”等方位词后面，指代上文所说的事物。“前者”指的是先前提到或列举的项目或情况，“后者”则是指后来提到或列举的项目或情况。这两个词常常用于对比或说明两种不同的情况、观点、方法或结果。例如：

（1）京剧分文戏和武戏，前者以唱为主，后者以动作和特技为主。

（2）传统电视与智能电视的优劣一目了然：前者只能接收有限的频道和信号，后者则拥有更多的影视资源和应用，还可以连接其他智能设备。

（3）无论做什么工作，都既要有专门的学问，又要有广博的知识。前者应以后者为基础。

（4）吉特曼（Gilletman）曾说：“靠探索学得知识的人与靠别人教授而学到知识的人相比，前者具有七倍的学习技巧。”

（5）在天才和勤奋之间，我毫不犹豫地选择后者。

练一练：用“前者……后者……”完成下列句子或对话

（1）在这项研究中，我们对比了两种不同的药物，发现________________。

（2）球类运动和跑步都属于有氧运动，差别在于________________，而________________。

（3）记者：毕业后，你选择自己创业还是为老板打工？

受访者：________________，因为________________。

（4）经理：下面请大家说一下对这两个方案的看法。

小李：我认为这两个方案各有优缺点，____________，____________。相比之下，我____________。

课文理解与表达训练

1. 根据课文内容回答下列问题。

（1）为什么很多古代文明的神话中都有月亮神？在你们国家的文化中，还有哪些自然崇拜？

（2）中国月球探测工程的名称是什么？如此命名的原因可能是什么？

（3）人类向往登上月球的原因有哪些？

（4）搬到月亮上居住需要解决哪些问题？根据现在掌握的资料和情况，我们可以怎样破解这些难题？

2. 仿照下面的表达形式，从 A、B 中（但不限于）选择一个话题说一说。

（一）人类对月球的向往不仅源于对未知世界的探索欲望，也因为月球本身具有很高的科学研究价值。首先，月球的引力作用导致地球海洋的潮汐现象，这对海洋生物甚至整个地球生态系统有着重要的影响。因此，对月球的研究有助于人类更深入地理解地球自身的运行规律和生态系统。其次，月球上保存着地球上难以找到的可以探索宇宙演化的"历史原件"，而且其特有的真空和弱重力环境在地球上也无法完全模拟。可见，月球不但是研究宇宙演化的天然博物馆，也是独一无二的实验场所。

A. 我选择学习汉语不仅源于我对中国文化的热爱，也因为……。首先，……。因此，……。其次，……。可见，……。

B. 成功不仅来自勤奋，也源于对自己清楚的认识。首先，……。因此，……。其次，……。可见，……。

（二）希望有朝一日，去月球居住会变成平淡无奇之事；更希望有朝一日，月球只是人类太空交通网中一个普普通通的"节点"。

A. 你小的时候，妈妈拼尽全力做你的天空，当你的屋檐。希望有朝一日，……；更希望有朝一日，……。

B. 目前我们公司的产品已经赢得了广大客户的信赖与好评。希望有朝一日，……；更希望有朝一日，……。

3. 动口与动手。

未知世界充满了神秘和吸引力，人类对于探索未知的渴望从古至今从未停止过。也正是因为不断探索未知，人类才能够开启无限可能，推动社会向前发展。除了课文中提到的登月外，你还知道哪些人类对未知世界的探索？请查阅相关资料，向全班同学做介绍。

扩展阅读与练习

太空生存探秘——航天员的衣食住行

航天员在太空是如何生活的？记者为此采访了中国航天专家，了解了航天员[①]在太空的衣食住行。

衣：航天服总重10公斤

在太空穿衣服不仅是为了保暖、遮体，其主要功能是保护航天员在太空的生命安全。航天服由特殊的服装、头盔、手套和航天靴组成。从功能上看，航天服有舱内服、舱外服两种；从服装内压上看，航天服有低压服、高压服之分；从结构上看，航天服可分为软式、硬式和软硬结合的。无论哪种，航天服都是由多层组成的，而且必须相互连接成一个整体。各层质量要高、重量要轻、厚度要薄，以免影响航天员行动。

航天飞机或飞船发射时，航天员必须穿上橘红色的加压服。它的主要功能是在航天器座舱发生故障而丧失压力时，给航天员提供正常的大气压，帮助航天员安全返回地面。如果航天员降落在水中，它还能保暖防寒，而且橘红色既醒目又防鲨。进入轨道后，航天员的穿着就可以比较随意了，可以是长袖服装或短袖运动衫，甚至是短裤。进行舱外行走时，航天员必须穿上舱外活动太空服。它由特殊材料制成，可以防热、防寒、防太空碎片、防宇宙尘、防辐射和提供氧气等。

中国航天服是连体式造型，胸前有两条呈V字形的拉链。打开拉链，将腿伸进去，便可循序地穿在身上。整套衣服重约10公斤，航天员在正常情况下穿戴整齐需要3分钟。据专家介绍，一套航天服的价格与一辆豪华轿车差不多。

---

① 本文采访的是中国“神舟五号”飞船的航天员。

食：太空菜单 80 多道

特定的航天环境使航天员的口味要求变得非常特殊，吸收消化能力也受到一定影响。航天食品就是为适应这些特点而制作的。航天食品必须包含足够的、完善的科学营养，如人体每天所需的蛋白质、脂肪和糖等，并保证含有钙、磷、镁和钾等主要无机元素，还要含有铁、锌、硒、碘等微量元素，以及维生素 A、E 和其他各种水溶性维生素。此外，航天食品要设法限制食物中的钠、水和纤维成分，以减少航天员大小便的次数。

早期的太空食品主要是糊状和牙膏状的，由于口感不好、不易软化、碎屑多，基本已被淘汰。如今，航天员的菜单上已有 80 多种可口的食物和饮料。

中国特色的航天食品除了种类繁多的鱼、肉类罐头，面包等传统食品已不多见，主食是脱水米饭、咖喱米饭等；菜肴也很丰盛，有鱼香肉丝、宫保鸡丁等，甚至还有大虾等海鲜。它们都是固态复水食品，航天员进餐时，只要将热水倒进去即可食用。由于中国人爱喝茶，所以除了橙汁等常规饮料，冰红茶、绿茶等现代饮料也一应俱全，不过它们不是液体的，而是小砖头般的固体饮料。草莓、苹果、香蕉、水蜜桃等水果通过特殊工序被加工成了橡皮般大小的冻干水果。

住：蜗居虽小，生活挺好

太空居住环境无法与地面相比，主要是空间狭小。美国第一艘载人飞船舱内面积仅有 1.7 立方米，穿着太空服的航天员半躺在里面，身体几乎不能活动。随着航天飞机和空间站的问世，太空居住空间有了明显改善，但仍无法与地面居住条件相比。

在太空微重力条件下，睡眠不受姿势的限制，可以躺着睡、坐着睡、站着睡，甚至倒立着睡；但睡前一定要用一根带子将自己固定起来，否则睡着后呼吸的推力会将身体推到空中，航天员会在舱内飘来飘去。航天员每天的睡眠时间是 8 小时，到了起床时间，闹钟或地面控制中心会将其叫醒。

航天员也要梳头、剃须、刷牙、洗澡、上厕所等。梳头或理发时，碎发必须用吸尘器立即吸走，以免污染环境和侵害人体。洗头则用一种不需要清水漂洗的洗发剂。太空洗澡主要是“海绵浴”，只需一块干布和两块海绵布。在失重条件下洗澡，不需要太多水，因为粘在皮肤上的水不易流掉。到目前为止，只有美国“天空实验室”上有过淋浴设备。

航天员在太空用的是抽气马桶。上厕所要将自己固定好，臀部要紧贴马桶边缘，否则大小便会飘出来。航天员用水很节约，因为水源主要来自呼吸产生的湿气。这些湿气经过再生处理，供给航天员使用。

行：宇宙空间的真正飞人

航天员离开载人航天器乘员舱进入太空的出舱活动称为“太空行走”。太空行走需要进行复杂的准备活动。首先，航天员需要吸氧排氮，同时戴上供氧面罩。吸氧完毕，再穿戴太空服。穿戴太空服必须在气压过渡舱内进行。穿戴完毕，过渡舱通往座舱的门关闭，然后通往太空的门打开，航天员开始太空行走。

太空行走也可称为“太空飞走”，因为在失重条件下，航天员只要碰一下舱体，就能飞起来。舱外行走有两种方式：一种是用早期研制的“脐带”与乘员舱连接，航天员所需的氧气、压力、电源和通信都通过“脐带”由“母”——载人航天器提供。由于“脐带”长度有限，航天员只能在附近活动。另一种是靠装在航天服背后的便携式装置及载人机动装置，它允许航天员到100米外活动。

太空行走的目的一般是维修航天器、安装太空大型设备、从航天飞机上发射卫星、进行各种科学研究等。因此，太空行走是航天员完成任务的基本手段。

（作者钱小易，来自新浪网，有删改）

根据短文内容完成下列练习：

1. 航天服最主要的功能是：

   A. 提供氧气

   B. 保暖防寒

   C. 保障安全

2. 关于太空餐，下列说法正确的是：

   A. 太空餐的特殊之处主要是形态不同

B. 草莓等新鲜水果可以带到太空享用

C. 太空餐不容易吸收和消化

3. 在太空居住，受到的最大挑战是：

A. 居所狭小

B. 失重环境

C. 用水紧张

4. 关于出舱活动，下列说法错误的是：

A. 与其说是走，不如说是飞

B. 因为使用了一些特殊装置，所以舱外活动很自由

C. 需要穿上特殊材料制作的太空服

语言文化小常识

钱塘江大潮

八月十八潮，壮观天下无。钱塘江大潮是中国最有名的潮汐现象，被誉为“天下第一潮”。每年农历八月十八前后，钱塘江畔的潮水汹涌澎湃（xiōngyǒng péngpài），场面极其壮观，自古以来就吸引着无数游客前来观赏。

钱塘江大潮的形成，既得益于“天时”，也依赖于“地利”。潮汐的产生与太阳和月球对地球的引力有关，而月球对地球的引潮力是太阳的两倍之多。农历八月十六日至十八日，太阳、月球、地球几乎处于一条直线上，海水受到的引潮力达到最大。此外，钱塘江口的形状宛如一个喇叭，当大量潮水涌入时，由于江面迅速变窄，潮水无法均匀上升，只能层层叠加，形成后浪推前浪的壮观景象。正如李白在《横江词》中所描绘的，“浙江八月何如此，涛似连山喷雪来”。

月球距离地球 38.4 万千米（平均距离），看似遥不可及，但它无时无刻不在影响着我们的生活。可以说，月球以它独特的方式与我们每个人息息相关，仿佛“活”在我们的身边。

24 二十四节气

本课学习重点

话　　题： 人与自然·中国文化
重 点 词： 因地制宜　丰富多彩　家喻户晓　显而易见
语 言 点： 被誉为　该　并称
表达训练： 运用设问句

热　身

1. 观看 2022 年北京冬奥会开幕式短片《二十四节气倒计时》，并把下图填写完整。

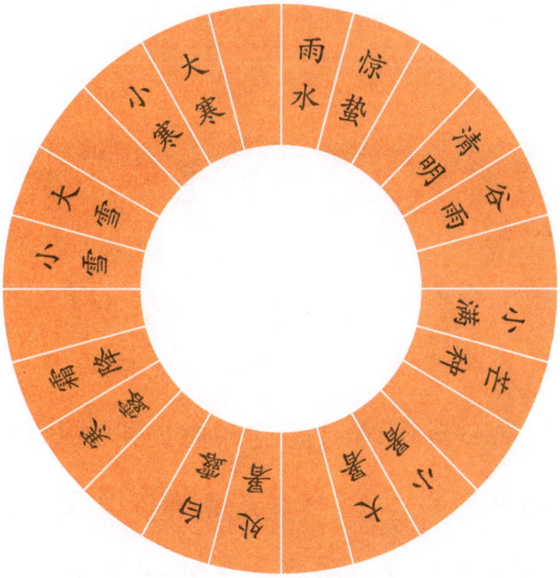

2. 大声朗诵《二十四节气歌》，注意韵律节奏；圈出其中表示节气的词，并将其与上图中的节气一一对应起来。

二十四节气歌

春雨惊春清谷天，

夏满芒夏暑相连。

秋处露秋寒霜降，

冬雪雪冬小大寒。

课　文

24-01

二十四节气

2016 年 11 月 30 日，在埃塞俄比亚首都亚的斯亚贝巴联合国非洲经济委员会会议中心，中国申报的“二十四节气——中国人通过观察太阳周年运动而形成的时间知识体系及其实践”被列入联合国教科文组织《人类非物质文化遗产代表作名录》。在国际气象界，二十四节气被誉为“中国的第五大发明”。

二十四节气是什么呢？

地球围绕太阳做有规律的周期运动，由此产生了春、夏、秋、冬的变换。古人把在自然界中观察到的这种天文、物候和气候的变化规律总结成二十四节气，这也是二十四节气在公历里时间总是相对固定的原因所在。在二十四节气中，有四个节气的名称中有“立”，分别是立春、立夏、立秋、立冬。“立”表示“开始”，这四个节气正是四季的分界点，将一年分成了春、夏、秋、冬四个季节。一年之中，地球上只有两天白天和黑夜的时间相等，那就是春分、秋分两个节气到来的日子。这两天，南北半球白天和黑夜都为 12 小时。夏至是北半球白天最长、黑夜最短的日子，而冬至则是北半球白天最短、黑夜最长的日子。

表 1　二十四节气与公历时间对应表

节气	立春	雨水	惊蛰	春分	清明	谷雨	立夏	小满	芒种	夏至	小暑	大暑
公历（前后）	2月4日	2月19日	3月6日	3月21日	4月5日	4月20日	5月5日	5月21日	6月5日	6月21日	7月7日	7月23日
节气	立秋	处暑	白露	秋分	寒露	霜降	立冬	小雪	大雪	冬至	小寒	大寒
公历（前后）	8月7日	8月23日	9月8日	9月23日	10月9日	10月23日	11月7日	11月22日	12月7日	12月22日	1月6日	1月20日

在自然界中，无论是生物的周期性现象，如植物的发芽、开花，动物的迁徙、冬眠，还是降水、解冻等非生物变化，都与季节、气候密切相关。惊蛰期间，地面接收到的太阳热量越来越多，温度上升，本来冻结的泥土变得松软起来，感受到这一变化的小动物们就开始扭动身子往外爬了。“寒露寒露，遍地冷露”则反映了气候从凉爽到寒冷的过渡，此时温度下降很快，降水也随之减少。

二十四节气起源于黄河中下游地区，主要以该地区的天文、气象、降水和物候变化为基准，最初用于指导黄河中下游地区的农业生产，后来逐渐为全国各地共同采用，多民族共同享有。在长期的生产发展与历史积累中，这些与节气相关的农时知识又被总结为简洁的农谚并被代代相传，如在华北地区广泛流传的小麦种植农谚“白露早，寒露迟，秋分种麦正当时”。当然，因为中国各地的地理条件不同，比如海南和东北的气候就有很大差异，所以在应用二十四节气指导农业生产时，人们也早就学会了因地制宜。

对古人来说，二十四节气不仅仅是一种时间制度，更有着丰富多彩的社会生活内涵。某些节气时人们会举办与生产生活相关的庆典，因此这些节气也是节日。古时立春的一大早，皇帝会带领大臣举行隆重的迎春仪式，祈求一年的丰收。对于沿海地区的渔民来说，处暑正是收获的好时节[①]，沿海地区往往会举

① 因为这时候沿海水温偏高，鱼虾贝类生长发育成熟，鱼群大都会停留在这里，适合渔民捕捞。

行隆重的“开渔节”，欢送渔民开船出海。再比如清明，到今天仍旧是重要的节日，与春节、端午节、中秋节并称“中国四大传统节日”。

从全国范围来说，几乎每个节气都有自己独特的习俗活动。居住在贵州石阡的侗族人民，在立春时节有“说春”[1]的风俗；江南一带有“小满动三车”[2]的说法。另外，几乎每个节气也都有自己特殊的饮食习俗，比较著名的有“冬至饺子，夏至面”“立春咬春与尝春”[3]“贴秋膘”[4]等。

水车

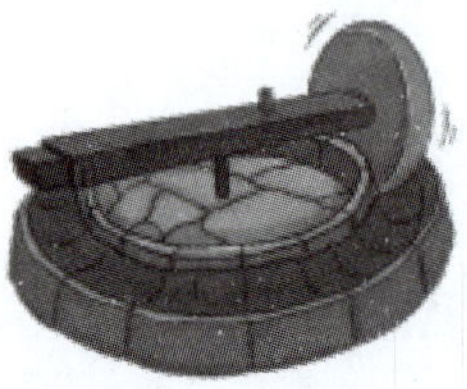
油车

丝车

中国流传着很多与二十四节气相关的故事传说[5]和诗词歌赋，集中表达了人们的思想情感与精神寄托。家喻户晓的“清明时节雨纷纷，路上行人欲断魂”描绘了清明时节春雨绵绵的景象，“时雨及芒种，四野皆插秧”展现了芒种期间农民在田野里忙碌的画面，“十一月中长至夜，三千里外远行人”表达了诗人冬

---

① 艺人装扮成春官——传说中负责农耕事务的官员，唱着歌谣，提醒人们准备春耕，祝福一年风调雨顺、人民丰衣足食。

② “小满动三车”指的是小满时节，要把丝车、油车和水车动起来。

③ 立春也叫“啃春”“咬春”。这天，很多人家不管是大人还是小孩儿都会对着萝卜啃上几口，这就是“啃春”的习俗。传说这个习俗最初是为了治疗和预防瘟疫（wēnyì，plague）而生。除了啃萝卜，民间在立春时还有吃春茶、吃春卷、吃春饼的习俗。

④ 从天文学的角度来说，立秋后北半球得到的太阳热量逐日减少，天气开始一天天变凉。天气凉快了，人们的胃口也会渐渐好转。所以在立秋当天，民间有“贴秋膘”的习俗，大家会用一顿丰盛的饭菜来补养因炎夏而亏空的身体。

⑤ 参看本课“扩展阅读与练习”中的故事传说。

至夜在异乡漂泊的孤独和思乡之情。

如今，随着工业化、信息化、全球化的迅速发展，我们的生产体系与社会生活已发生了极大的变化。大棚种植、无土栽培等现代农业种植技术的运用，使得反季节农业生产日益流行。而气象预报等现代科技手段的运用，也使人们对自然变化的把握日益精确。那么，在今天的社会背景下，二十四节气是否仍有其存在的价值与意义呢？答案是显而易见的。如前所述，二十四节气作为一种历史悠久的时间知识体系，也承载着信仰、禁忌、仪式、娱乐、饮食、养生、传说、诗词等深厚的精神文化内涵，是中华优秀传统文化的重要组成部分之一。而二十四节气背后所体现的人与自然和谐共生的关系，依然值得当代人深入体会。

（改编自《二十四节气》，陈雪编著，广西师范大学出版社 2021 年出版）

词语表 24-02

生词	拼音	词性	翻译
1. 节气	jiéqì	名	solar term
2. 申报	shēnbào	动	declare
3. 体系	tǐxì	名	system
4. 及其	jí qí		and (its/their/his/her)
5. 实践	shíjiàn	动 名	practice
6. 代表作	dàibiǎozuò	名	representative work
7. 名录	mínglù	名	directory, list
8. 气象	qìxiàng	名	meteorology
9. 界	jiè	后缀	kingdom, circle
10. 誉为	yùwéi		be acclaimed/praised as
11. 围绕	wéirào	动	surround
12. 周期	zhōuqī	名	cycle, period

13. 变换	biànhuàn	动	alternate, shift
14. 天文	tiānwén	名	astronomy
15. 物候	wùhòu	名	phenology
16. 公历	gōnglì	名	Gregorian calendar
17. 四季	sìjì	名	the four seasons
18. 分界点	fēnjièdiǎn	名	demarc
19. 南半球	nánbànqiú	名	southern hemisphere
20. 北半球	běibànqiú	名	northern hemisphere
21. 发芽	fā//yá	动	sprout, burgeon
22. 迁徙	qiānxǐ	动	migrate
23. 冬眠	dōngmián	动	hibernate
24. 降水	jiàngshuǐ	动 名	precipitate; precipitation, rainfall
25. 热量	rèliàng	名	heat
26. 泥土	nítǔ	名	soil
27. 松软	sōngruǎn	形	soft
28. 扭	niǔ	动	twist
29. 凉爽	liángshuǎng	形	cool
30. 过渡	guòdù	动	transit
31. 起源	qǐyuán	动 名	originate; origin
32. 中游	zhōngyóu	名	middle reaches
33. 下游	xiàyóu	名	lower reaches
34. 该	gāi	代	the above-mentioned
35. 基准	jīzhǔn	名	standard, criterion
36. 享有	xiǎngyǒu	动	enjoy
37. 农时	nóngshí	名	farming season
38. 简洁	jiǎnjié	形	concise
39. 农谚	nóngyàn	名	farmer's proverb

40. 相传	xiāngchuán	动	be according to legend
41. 小麦	xiǎomài	名	wheat
42. 因地制宜	yīndì-zhìyí		(do sth.) according to local conditions
43. 丰富多彩	fēngfù-duōcǎi		rich, colorful, various
44. 内涵	nèihán	名	connotation
45. 庆典	qìngdiǎn	名	celebration
46. 一大早	yídàzǎo	名	early in the morning
47. 皇帝	huángdì	名	emperor
48. 大臣	dàchén	名	minister
49. 隆重	lóngzhòng	形	grand, ceremonious
50. 祈求	qíqiú	动	pray for
51. 丰收	fēngshōu	动	have a good harvest
52. 渔民	yúmín	名	fisherman
53. 时节	shíjié	名	season
54. 欢送	huānsòng	动	see off
55. 并称	bìngchēng	动	be collectively dubbed as
56. 习俗	xísú	名	convention, custom
57. 一带	yídài	名	area
58. 诗词歌赋	shī-cí-gē-fù		verses, ditties, odes and songs (the four forms of poetry)
59. 寄托	jìtuō	动	rest on
60. 家喻户晓	jiāyù-hùxiǎo		widely known, famous
61. 绵绵	miánmián	形	continuous, unbroken
62. 田野	tiányě	名	field
63. 异乡	yìxiāng	名	foreign land
64. 漂泊	piāobó	动	lead a wandering life
65. 大棚	dàpéng	名	greenhouse
66. 栽培	zāipéi	动	cultivate

67. 反	fǎn	动	be against
68. 精确	jīngquè	形	precise, accurate
69. 显而易见	xiǎn'éryìjiàn		obvious, apparent
70. 承载	chéngzài	动	bear, carry
71. 信仰	xìnyǎng	名 动	belief, faith; believe in
72. 禁忌	jìnjì	名 动	taboo; avoid
73. 共生	gòngshēng	动	coexist

专有名词		
1. 埃塞俄比亚	Āisài'ébǐyà	Ethiopia
2. 亚的斯亚贝巴	Yàdìsīyàbèibā	Addis Ababa
3. 联合国非洲经济委员会	Liánhéguó Fēizhōu Jīngjì Wěiyuánhuì	United Nations Economic Commission for Africa
4. 联合国教科文组织	Liánhéguó Jiào-kē-wén Zǔzhī	United Nations Educational, Scientific and Cultural Organization
5. 人类非物质文化遗产代表作名录	Rénlèi Fēiwùzhì Wénhuà Yíchǎn Dàibiǎozuò Mínglù	Representative List of the Intangible Cultural Heritage of Humanity
6. 黄河	Huáng Hé	Yellow River
7. 华北	Huáběi	North China
8. 东北	Dōngběi	Northeast China
9. 端午节	Duānwǔ Jié	Dragon Boat Festival
10. 中秋节	Zhōngqiū Jié	Mid-Autumn Festival
11. 石阡	Shíqiān	Shiqian
12. 侗族	Dòngzú	Dong Minority
13. 江南	Jiāngnán	south of the lower reaches of the Yangtze River

重点词

1. 因地制宜

解释：根据不同地区的具体情况规定适宜的办法。

（1）工程师根据现有的条件因地制宜，制定了最适合的施工方案。

（2）对此类问题的处理应该因地制宜。

（3）在旅游业发展中，应该因地制宜地开发旅游资源，打造具有地方特色的旅游品牌。

（4）在教育领域，应该因地制宜地开展教育改革，提高当地的教育水平和质量。

练一练：用“因地制宜”完成下列句子

（1）政策的制定要____________________，不能盲目跟风。

（2）发展农业____________________，充分利用当地的自然资源和气候条件。

（3）每个地区都有其特点和优势，我们需要____________________，推动当地经济发展。

（4）针对不同地区的环境污染问题，____________________，有效保护当地的生态环境。

2. 丰富多彩

解释：内容丰富，种类多样。

（1）我的课余生活丰富多彩，我喜欢打乒乓球、玩儿滑板、唱歌、画漫画等等。

（2）广州交易会上的商品丰富多彩，令人目不暇接。

（3）世界文化节推出了一系列丰富多彩的节目和活动。

（4）冬去春来，万物苏醒，世界也变得丰富多彩起来。

练一练：用“丰富多彩”完成下列句子

（1）互联网____________________。

（2）____________________，观众们看得津津有味，剧场里不时响起阵阵掌声和欢笑声。

（3）我觉得你的压力太大了，除了工作，________________。

（4）游客朋友们，请大家稍做休息，接下来________________。

3. 家喻户晓

解释：每家每户都知道。

（1）在中国，“农夫山泉有点儿甜”这句广告词可真是家喻户晓啊！

（2）一些网红因其独特的才艺、个性化的风格或者深入人心的创作内容而赢得了大众的喜爱和认可，成为家喻户晓的人物。

（3）经过媒体的报道，张海的英雄事迹已是家喻户晓、人人皆知了。

（4）这本书在内容上深入浅出，在语言上通俗易懂，因此很快就在读者中传开，变得家喻户晓。

练一练：用“家喻户晓”完成下列句子

（1）她是________________，因此一举一动格外引人注目。

（2）________________，几乎每个人都知道它的故事情节和主要角色。

（3）J. K. 罗琳因为写了《哈利·波特》系列，________________。

（4）马云（阿里巴巴创始人）是中国商业界的传奇人物，________________。

4. 显而易见

解释：（事情、道理）非常明显，很容易看清楚。

（1）在这个问题上，他的立场和观点是显而易见的，无须过多解释。

（2）这些都是显而易见的事实，你为什么不能勇敢地面对呢？

（3）个人在网络上发布言论显而易见地越来越容易，因此必须加强对网络言论的监管。

（4）为了这次比赛，他已经整整两年没有休息过了。显而易见，他的努力付出最终得到了应有的回报。

练一练：用“显而易见”完成下列句子或对话

（1）________________，你还是抓紧时间修改吧！

（2）在本届足球世界杯比赛中，________________，大家都认为他们会捧得“大力神杯”。

（3）A：你觉得未来五年消费者的需求还会持续增长吗？

B：从这份市场调查的结果来看，________________________________。

（4）A：您觉得您能够取得今天的成就，个人努力更重要，还是因为抓住了几次重要的机遇？

B：我觉得个人努力为抓住机遇提供了可能，而机遇又为个人努力提供了展示的舞台。________________________________。

语言点

1. 被誉为

“誉”是“称赞”的意思。“被誉为”指某事物或某人被公认为具有某种突出的特点、优秀的品质、出众的能力，获得了广泛的赞誉或尊敬。例如：

（1）高速铁路、二维码支付、共享单车和网上购物被誉为中国“新四大发明”。

（2）苏州和杭州这两座城市被誉为“人间天堂”。

（3）作为中国的第二长河，黄河被誉为中华民族的“母亲河”。

（4）柑橘类水果被誉为“维生素C的宝库”。

2. 该

代词。指代前面说过的人或者事；主要用于书面表达。例如：

（1）安娜自2017年至2021年在本校学习，该生在校期间表现出色，连续三年被评为“优秀留学生”。

（2）学校根据学生的特长和需求提供定制化的课程和学习资源，该措施有助于激发学生的学习兴趣，培养他们的自主学习能力。

（3）北京语言大学位于中国的首都——北京，拥有丰富的教育资源和深厚的文化底蕴。该校以其独特的教学模式和方法，吸引了来自世界各地的留学生。

（4）甲公司是一家从事电子产品生产经营活动的股份有限公司。自成立以来，该公司凭借独特的市场战略、创新的产品研发以及严格的质量控制在行业内享有良好的声誉。

3. 并称

动词。指将两个或多个事物、人物等放在一起进行称呼或评价，认为它们在某个方面或整体上具有相似性或重要性。例如：

（1）在中国文学史上，唐代大诗人李白和杜甫被并称为“李杜”。

（2）毛笔、黑墨、宣纸、砚台并称“文房四宝”。

（3）史蒂夫·乔布斯（Steve Jobs）和比尔·盖茨（Bill Gates）并称为个人电脑革命的两位先驱。

练一练：

（一）用“被誉为、该、并称”填空

（1）清华大学和北京大学________“清北”。这两所大学在学术研究、人才培养、社会服务等方面都有非常出色的表现，北京大学被认为是“中国综合性大学第一高校”，而清华大学则________“中国工科第一高校”。

（2）这座城市位于中国东北地区，是________地区的政治、经济和文化中心。它不仅是欧亚大陆桥上的重要城市，还是第一条欧亚大陆桥和空中走廊的国际性综合交通枢纽，因此________“欧亚大陆桥的明珠”。你知道我说的是哪座城市吗？

（二）用括号里的词语改写句子

（1）牡丹是“花中之王”，象征着富贵、荣华。芍药花朵虽比牡丹小，但同样美丽动人，与牡丹一起称为“花中二绝”。（被誉为、并称）

____

（2）××公司成立于2020年。自成立以来，这家公司始终坚持“客户至上，创新引领”的核心价值观，以卓越的产品和服务赢得了客户的广泛认可，为行业发展注入了新的活力，获得了“行业新星”的称号。（该、被誉为）

____

课文理解与表达训练

1. 根据下面的文章结构整体理解课文内容。请先将空白处填写完整，再进行成段表达。

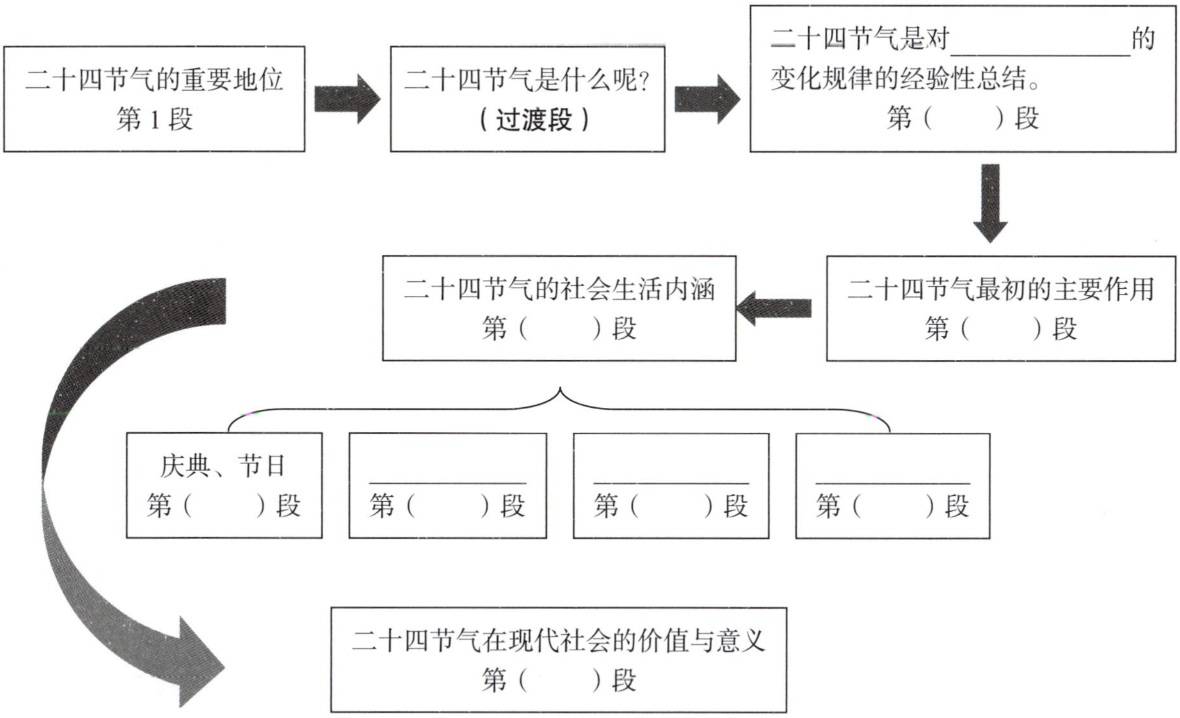

2. 设问。

设问是一种常见的修辞手法，常用于表示强调。为了强调某部分内容，说话者故意先提出问题，明知故问，自问自答。合理地运用设问能引人注意，启发思考；可使文章层次分明，结构紧凑；可以更好地描写人物的思想活动；可以强调突出某些内容，使文章起波澜、有变化。本文中出现了两处设问句：

第二段：二十四节气是什么呢？（起承上启下的过渡作用）

第九段中间：那么，在今天的社会背景下，二十四节气是否仍有其存在的价值与意义呢？（为了使论证深入，在关键性的内容上设问说理）

练习：请补出设问句

（1）______________________？我们的战士，我觉得他们是最可爱的人。

（2）______________________？原来，植物开花的时间与温度、湿度、光照有着密切的关系。

（3）______________________？因为汉语声调具有区别意义的作用，比如“买”和“卖”就表达完全相反的意思。

（4）____________________？主要基于如下几个原因：（a）稀有独特。野生大熊猫数量非常有限，主要分布在中国四川、甘肃和陕西的山区，没有其他国家拥有；（b）历史悠久。大熊猫的祖先可以追溯到 800 万年前的始熊猫，这使得大熊猫成为研究物种多样性、功能多样性和物种进化的重要对象；（c）形象可爱。大熊猫以其憨态可掬的外表深受中国人民，乃至世界人民的广泛关注和喜爱。（d）外交象征。大熊猫在历史上曾作为外交礼物，是中国与世界其他国家友好交流的桥梁。

3. 动口与动手。

选择二十四节气中的一个节气，查找、整理相关资料并进行汇报。内容大致包括气候情况、物候情况、活动风俗、饮食习俗、故事传说或诗词歌赋等。

扩展阅读与练习

与二十四节气有关的故事传说[①]

清明节的来历

清明是节气也是节日。把它作为节日，在我国已经有 2000 多年的历史。因寒食节与清明节日子接近，后来人们把两者合二为一。这一天，人们不生烟火，只吃冷的食物。为什么不能生火？这是因为发生于春秋时期的一场大火。

相传春秋时期，晋国公子重耳为了躲避仇人迫害，被迫流亡他国。有一天重耳又饿又累，跟随他的大臣们找不到一点儿吃的东西。眼看重耳就要饿晕了，情急之下，有个叫介子推的随从从自己的大腿上割下一块肉，煮了汤给重耳喝。

在外逃亡 19 年后，重耳回到晋国做了国君。他对当时陪他一起流亡在外的大臣们一一进行封赏，唯独忘了介子推。介子推毫不怨恨，带着老母亲去了绵

① 为了便于理解，文中人名、国君名、国名、地名首次出现时加专名号“____”。

山居住。

后来有人为介子推鸣不平，提醒晋文公。晋文公自责万分，带上大臣去绵山，想请介子推回朝。绵山树林茂密，不论晋文公派出多少人寻找，都没有找到介子推母子。就在晋文公一筹莫展之时，有人建议放火烧山，到时候介子推母子无处藏身，肯定就出来了。

晋文公按照这个办法做了，可直到树林烧尽，也不见有人从山里出来。最终，人们在一棵老柳树下找到了被烧死的介子推和他的母亲。人们在介子推用自己脊背堵住的柳树洞里找到了一封血书，上面写道："割肉奉君尽丹心，但愿主公常清明……"

晋文公懊悔不已。安葬了介子推母子之后，他将这一天定为寒食节，规定每年此日不可生火，以表示对介子推的哀思。

第二年，晋文公率众臣再次来到绵山祭奠介子推。他发现曾经烧焦的老柳树又发出了新芽，于是将老柳树命名为"清明柳"。

寒食节在清明节的前一天。之后，寒食节和清明节渐渐融合。在赋予它纪念介子推、向往清明廉洁的含义后，清明超出了节气的意义，逐步演变成扫墓祭祀、踏青郊游、荡秋千和插柳的节日了。

立夏称人

在中国南方，有立夏"称人"的习俗，相传起源于三国时期。

诸葛亮[①]七擒孟获之后，孟获对诸葛亮佩服得五体投地。诸葛亮临终前嘱咐孟获每年都要来看望阿斗，照顾好阿斗。孟获不忘诸葛亮的重托，即便后来蜀国被灭，阿斗被掳去洛阳，孟获依然在每年的立夏这天去看望阿斗。为了考量晋武帝是否苛待阿斗，孟获每次都要称量阿斗的体重。

日子久了，这个做法便传开了，渐渐有了立夏称人的习俗。立夏这天，人

① 诸葛亮（181—234），字孔明，号卧龙，三国时期蜀汉丞相，杰出的政治家、军事家。诸葛亮的散文代表作有《出师表》《诫子书》等。曾发明木牛流马、孔明灯等。诸葛亮一生"鞠躬尽瘁，死而后已"，是中国传统文化中忠臣与智者的代表。

们会用一个很大的秤来称体重。

一叶知秋

“梧桐一叶落，天下尽知秋。”梧桐树树叶阔大，身姿高大挺拔，素有“树中之王”的美称。古人认为梧桐是“通灵之树”。它有早凋的习性，宋朝时人们已知晓梧桐叶落标志着秋天到来。

相传，宋朝在立秋日这天，皇宫里会有专门的人守在宫内的梧桐树下，仔细观察着树上的每一片叶子。一旦第一片叶子落下，此人便兴冲冲地大喊“秋来，秋来”，这一年的秋天到了。

冬至吃“娇耳”

冬至这一天人们都会吃“娇耳”。“娇耳”就是饺子，这一饮食习惯一直延续到了今天。

相传，娇耳与医圣张仲景有关。张仲景是东汉名医，他看到很多百姓因贫穷而饥寒交迫，耳朵都冻坏了，就制作了一种叫作“娇耳”的食物，并搭配驱寒汤，给百姓食用。人们吃完这些食物后，浑身暖和，血液通畅，耳朵冻坏的情况也得到了改善。

为了纪念张仲景的善举，人们在冬至这一天会吃饺子。冬至过后，天气进入更冷的阶段，而饺子的形状类似于耳朵，因此吃饺子这一行为被赋予了保护耳朵不被冻坏的寓意。

（改编自《二十四节气》，陈雪编著，广西师范大学出版社 2021 年出版）

（一）解释文中画波浪线的成语（先根据上下文自己解释，再查阅成语词典）并造句。

（1）合二为一

自己的解释：________________

词典的解释：________________

造句：________________

（2）一筹莫展

自己的解释：________________

词典的解释：________________

造句：________________

（3）五体投地

自己的解释：________________

词典的解释：________________

造句：________________

（4）饥寒交迫

自己的解释：________________

词典的解释：________________

造句：________________

（二）说一说立夏称体重、冬至吃饺子的来由。

语言文化小常识

断句的艺术

在中国古代，由于书籍中尚未使用系统的标点符号，读者在阅读时需要依据文意来判断停顿之处，或同时在书上按停顿加圈点，这种方法被称为“断句”，也称作“句读（dòu）”。若不懂断句，就很容易误读，甚至曲解原文的意思。以“落雨天留客天留人不留”这句话为例，停顿位置的不同会使其表达的意义大相径庭。

落雨天留客 / 天留 / 人不留（意思：下雨天留客，是天要留客，但主人不打算留客。）

落雨天 / 留客天 / 留人不 / 留（意思：下雨天是留客天，留客吗？留。）

本课中出现的诗歌《清明》，也有人给它做了不同的断句，你可以体会出其中的不同吗？

清明时节 / 雨纷纷 / 路上行人 / 欲断魂 / 借问 / 酒家 / 何处有 / 牧童 / 遥指 / 杏花村

清明时节雨 / 纷纷路上行人 / 欲断魂 / 借问酒家何处 / 有牧童 / 遥指杏花村

清明时节雨 / 纷纷路上行 / 人欲断魂借问酒 / 家何处 / 有牧童 / 遥指杏花村

生词表

		A		
阿尔茨海默病	ā'ěrcíhǎimòbìng	名	Alzheimer's disease	22
挨着	āizhe	名	be next to	16
安慰	ānwèi	动 形	comfort; comforted	16
暗暗	àn'àn	副	tacitly (esp. with determination)	16
凹凸不平	āotū-bùpíng		uneven, full of bumps and holes	23
凹陷	āoxiàn	动	sunken, hollow, dent	15
		B		
巴掌	bāzhang	名	palm	13
白白	báibái	副	in vain, for nothing	19
白领	báilǐng	名	white collar	18
版	bǎn	后缀	version	22
办事处	bànshìchù	名	office, agency	18
伴随	bànsuí	动	accompany	21
包月	bāo//yuè	动	be of monthly subscription	21
保险箱	bǎoxiǎnxiāng	名	safe box	20
保障	bǎozhàng	动 名	guarantee	17
抱团儿	bào//tuánr	动	band together	17
爆满	bàomǎn	动	be in full capacity, be packed	21
悲惨	bēicǎn	形	miserable	16
北半球	běibànqiú	名	northern hemisphere	24
北极	běijí	名	North Pole, Arctic	23
北漂	běipiāo	名	Beijing drifter	21
本能	běnnéng	名	instinct	22
本身	běnshēn	代	oneself	23

逼	bī	动	compel	19
鼻子	bízi	名	nose	15
必修	bìxiū	形	obligatory	13
必需	bìxū	动	be indispensable to	22
毕竟	bìjìng	副	after all	13
避暑	bì//shǔ	动	avoid summer heat (esp. by going to cooler places or resorts)	17
扁平	biǎnpíng	形	flat	14
变换	biànhuàn	动	alternate, shift	24
便	biàn	副	so, thus	16
便于	biànyú	动	be for easy, be convenient to	15
遍地	biàndì	副 动	all around; be found everywhere	21
别看	biékàn	连	in spite of	13
别墅	biéshù	名	villa	20
冰激凌	bīngjīlíng	名	ice-cream	14
并称	bìngchēng	动	be collectively dubbed as	24
拨打	bōdǎ	动	dial	18
博士	bóshì	名	doctor	18
博物馆	bówùguǎn	名	museum	23
不计	bújì	动	do not count	21
不见得	bújiàndé	副	not necessarily	21
不易	búyì	形	hard, difficult, tough	21
补给	bǔjǐ	动	supply, replenish	21
捕捉	bǔzhuō	动	catch, seize	13
不欢而散	bùhuān’érsàn		break up in discord	17
不禁	bùjīn	副	spontaneously	14
不仅仅	bù jǐnjǐn		not only	22
不起眼	bùqǐyǎn		plain-looking	20
不时	bùshí	副	from time to time	14

不爽	bùshuǎng	形	not well, in a bad mood	14
不怎么	bùzěnme	副	not very	20
部位	bùwèi	名	part, place	15
		C		
才华	cáihuá	名	talent, brilliance	19
采样	cǎiyàng	动	sample	23
彩礼	cǎilǐ	名	bride price	19
踩	cǎi	动	stamp, tread	13
餐	cān	量	regular meal	17
餐饮	cānyǐn	名	catering	14
厕所	cèsuǒ	名	toilet, washroom	21
侧	cè	动	turn sideways	16
层次	céngcì	名	level	18
蹭	cèng	动	rub, caress	16
差异	chāyì	名	difference, discrepancy	15
查看	chákàn	动	examine, look over, check	18
察觉	chájué	动	detect, notice	20
长达	cháng dá		be as long as	19
长年	chángnián	副	all year round	23
常年	chángnián	副	all year round	20
嫦娥奔月	Cháng'é bēn yuè		(a Chinese legend) the Goddess Chang'e flies to the moon	23
场景	chǎngjǐng	名	scene	18
超出	chāochū	动	surpass, exceed, overstep	18
潮汐	cháoxī	名	tide	23
车位	chēwèi	名	parking place	21
车型	chēxíng	名	vehicle model	21
沉浸	chénjìn	动	immerse	22
趁	chèn	介	while, take advantage of	16

称作	chēngzuò		call, be referred to as	21
成	chéng	量	one tenth (as ten percent)	17
成本	chéngběn	名	cost	17
成分	chéngfèn	名	component	19
成年	chéngnián	动	grow up	13
承诺	chéngnuò	动	promise	20
承载	chéngzài	动	bear, carry	24
城堡	chéngbǎo	名	castle	22
吃不惯	chībuguàn		(food) does not agree with sb.	19
迟迟	chíchí	副	(often used in a negative sense) slowly	18
充电桩	chōngdiànzhuāng	名	charging pile	21
崇拜	chóngbài	动	adore, idolize	23
臭	chòu	形	smelly, stinky	21
出人意料	chūrényìliào		unexpectedly	13
出入	chūrù	动	enter and exit	18
出行	chūxíng	动	travel	20
除此之外	chúcǐzhīwài		besides	17
除非	chúfēi	连	only if, only when, unless	18
储存	chǔcún	动	store	21
串	chuàn	量	string	14
闯	chuǎng	动	obtrude, force one's way	13
纯粹	chúncuì	形	pure	22
从未	cóngwèi	副	never	14
粗糙	cūcāo	形	coarse, rough	13
脆弱	cuìruò	形	fragile	20
挫折	cuòzhé	名 动	setback, frustration; set back, frustrate	22
		D		
搭	dā	动	make, build	22
搭档	dādàng	名 动	partner; cooperate, work together	22

大臣	dàchén	名	minister	24
大错特错	dàcuò-tècuò		be all wrong, completely mistaken	22
大地	dàdì	名	mother earth	23
大都	dàdōu	副	mostly, for the most part	14
大棚	dàpéng	名	greenhouse	24
大师	dàshī	名	master	19
大手大脚	dàshǒu-dàjiǎo		wastefully, extravagantly	19
大数据	dàshùjù	名	big data	20
大熊猫	dàxióngmāo	名	panda	13
待	dāi	动	stay	13
代表作	dàibiǎozuò	名	representative work	24
代价	dàijià	名	price, cost	20
贷款	dàikuǎn	动 名	grant a loan; loan	21
担忧	dānyōu	动	be anxious, worry, fear	19
单身	dānshēn	动 名	live alone; single, unmarried person	19
耽误	dānwu	动	delay, hold up	19
淡出	dànchū	动	fade out	14
当前	dāngqián	名	present	17
挡	dǎng	动	resist, stop	13
当成	dàngchéng	动	take for, regard as	14
档案	dàng'àn	名	archive, file	18
道德	dàodé	名	morality	14
道具	dàojù	名	prop	15
地段	dìduàn	名	zone, area	20
地盘	dìpán	名	domain, territory	13
递	dì	动	pass	14
点燃	diǎnrán	动	ignite	17
叼	diāo	动	hold in the mouth	16
调研	diàoyán	动	investigate, survey	18

定居	dìng//jū	动	settle (down)	23
冬眠	dōngmián	动	hibernate	24
动机	dòngjī	名	motivation	22
动员	dòngyuán	动	mobilize, persuade	20
冻结	dòngjié	动	freeze	23
洞	dòng	名	hole	15
逗	dòu	动	tickle, amuse	16
都市	dūshì	名	metropolis, city	21
独一无二	dúyī-wú'èr		unique	23
度	dù	后缀	degree	20
短片	duǎnpiàn	名	short film	19
对外	duìwài	动	be open to the general public	21
对准	duìzhǔn		aim at	14
躲	duǒ	动	hide	16
		E		
恶劣	èliè	形	adverse, severe	13
恶意	èyì	名	evil intention, ill will	20
而	ér	连	and	18
二维码	èrwéimǎ	名	QR code	14
		F		
发射	fāshè	动	launch, shoot	23
发誓	fā//shì	动	take oath, swear	16
发芽	fā//yá	动	sprout, burgeon	24
发源	fāyuán	动	originate	22
法令纹	fǎlìngwén	名	nasolabial fold	15
凡是	fánshì	副	whatever, whoever, whichever	19
繁华	fánhuá	形	prosperous, busy	20
反	fǎn	动	be against	24
反感	fǎngǎn	形 名	antipathetic, repulsive; antipathy, repulsion	19

反馈	fǎnkuì	动	feed back	22
反思	fǎnsī	动	introspect, reflect	14
返回	fǎnhuí	动	return, come/go back	23
饭碗	fànwǎn	名	job, way of making a living	18
房车	fángchē	名	caravan	21
房贷	fángdài	名	residence mortgage	21
仿佛	fǎngfú	副	as if	19
放大	fàngdà	动	enlarge, amplify, magnify	15
放射性	fàngshèxìng	名	radioactivity	23
飞船	fēichuán	名	spaceship, spacecraft	23
飞速	fēisù	副	at full speed	23
非	fēi	前缀	(used as a prefix) non-	14
非法	fēifǎ	形	illegal	20
分担	fēndān	动	share	17
分界点	fēnjièdiǎn	名	demarc	24
分类	fēn//lèi	动	classify	14
分析	fēnxī	动	analyze	18
粉红	fěnhóng	形	pink	16
奋力	fènlì	副	vigorously	19
丰富多彩	fēngfù-duōcǎi		rich, colorful, various	24
丰收	fēngshōu	动	have a good harvest	24
风靡	fēngmǐ	动	be all the rage	22
逢	féng	动	meet	17
奉献	fèngxiàn	动	contribute	18
缝儿	fèngr	名	gap, crack	16
抚摸	fǔmō	动	feel, touch, caress	16
辅助	fǔzhù	动	assist	22
付诸	fùzhū		implement, execute	22

G				
该	gāi	代	the above-mentioned	24
改革	gǎigé	动 名	reform; reformation	17
改装	gǎizhuāng	动	refit, modify	21
甘于	gānyú	动	be willing to, be ready to	18
尴尬	gāngà	形	awkward, embarrassed	19
高档	gāodàng	形	top-grade, first-ranking, luxurious	18
高度	gāodù	名 形	height; high	23
高科技	gāokējì	名	high-tech	20
高龄	gāolíng	形	aged	17
高手	gāoshǒu	名	master	13
鸽子	gēzi	名	pigeon	22
个人问题	gèrén wèntí		the problem of finding a spouse	19
公历	gōnglì	名	Gregorian calendar	24
恭喜	gōngxǐ	动	congratulate	16
共生	gòngshēng	动	coexist	24
估计	gūjì	动	estimate	23
孤独	gūdú	形	lonely	17
古人	gǔrén	名	ancient people	17
骨骼	gǔgé	名	skeleton	22
鼓胀	gǔzhàng	动	swell, bulge	14
固态	gùtài	名	solid	23
关联	guānlián	动	link, correlate	20
冠军	guànjūn	名	champion	13
光亮	guāngliàng	名 形	brightness; bright	23
光秃秃	guāngtūtū	形	bare, bald	23
光鲜	guāngxiān	形	glamorous, flashy	18
广泛	guǎngfàn	形	wide, widespread	22
归属	guīshǔ	动	affiliate, belong to	22

归宿	guīsù	名	end result, fate	19
滚	gǔn	动	roll	13
滚动	gǔndòng	动	roll	22
锅	guō	名	pot	13
国粹	guócuì	名	quintessence (of a nation), national essence	15
国旗	guóqí	名	national flag	21
过度	guòdù	形	excessive	22
过渡	guòdù	动	transit	24
过关	guò//guān	动	clear (a stage)	22
		H		
海拔	hǎibá	名	altitude	13
憨态可掬	hāntài-kějū		charmingly naive	13
航天	hángtiān	动	launch into space, fly in space	23
毫无	háo wú		nothing at all, completely not	17
合伙	héhuǒ	动	form a partnership	17
合计	héjì	动	aggregate, add up to	21
合租	hézū	动	jointly rent, flat-share	18
核心	héxīn	名	nucleus, kernel, core	18
黑客	hēikè	名	hacker	20
痕迹	hénjì	名	mark, trail	13
横渡	héngdù	动	cross	13
衡量	héngliáng	动	measure	22
吼	hǒu	动	roar	13
后者	hòuzhě	名	the latter	23
候鸟	hòuniǎo	名	migratory bird	17
忽略	hūlüè	动	ignore, neglect	21
互动	hùdòng	动	interact	22
互助	hùzhù	动	help each other	17
户口	hùkǒu	名	registered permanent residence	21

护理	hùlǐ	动	nurse	17
花费	huāfèi	动	spend	17
怀孕	huái//yùn	动	get or be pregnant	20
怀着	huáizhe		be in the hope of, carry (hope, dream, etc.)	19
欢送	huānsòng	动	see off	24
缓缓	huǎnhuǎn	副	slowly, gradually	19
幻想	huànxiǎng	名 动	fantasy	20
皇帝	huángdì	名	emperor	24
晃	huàng	动	shake	16
恢复	huīfù	动	recover, regain	14
回避	huíbì	动	avoid	17
会友	huìyǒu	动	make friends	22
混	hùn	动	confuse, confound	19
火警	huǒjǐng	名	fire alarm	18
火龙果	huǒlóngguǒ	名	dragon fruit	21
火灾	huǒzāi	名	fire, conflagration	18
J				
机关	jīguān	名	office, organ, institution	18
机制	jīzhì	名	mechanism	22
肌肉	jīròu	名	muscle	22
积木	jīmù	名	toy brick	22
基层	jīcéng	名	basic level, grass root	18
基地	jīdì	名	base	23
基准	jīzhǔn	名	standard, criterion	24
激发	jīfā	动	motivate, stimulate	22
及其	jí qí		and (its/their/his/her)	24
极为	jíwéi	副	extremely	15
极夜	jíyè	名	polar night	23
极昼	jízhòu	名	polar day	23

即时	jíshí	副	immediately, instantly	22
棘手	jíshǒu	形	intractable, troublesome	21
集	jí	量	episode	19
挤压	jǐyā	动	squeeze, crush	13
记忆	jìyì	名 动	memory; remember	14
继承	jìchéng	动	inherit	15
寄托	jìtuō	动	rest on	24
家伙	jiāhuo	名	guy	16
家喻户晓	jiāyù-hùxiǎo		widely known, famous	24
嫁妆	jiàzhuang	名	dowry	19
奸诈	jiānzhà	形	treacherous, artful, deceitful	15
监控	jiānkòng	动	monitor	20
简称	jiǎnchēng	动 名	shorten; abbreviation	22
简洁	jiǎnjié	形	concise	24
间接	jiànjiē	形	indirect	15
健谈	jiàntán	形	talkative	19
健忘	jiànwàng	形	forgetful	19
降水	jiàngshuǐ	动 名	precipitate; precipitation, rainfall	24
角落	jiǎoluò	名	corner	16
节点	jiédiǎn	名	node, nodal point	23
节假日	jiéjiàrì	名	holiday and festival	21
节气	jiéqì	名	solar term	24
结局	jiéjú	名	result, outcome, ending	18
结账	jié//zhàng	动	check out	14
截至	jiézhì	动	as of, be up to	23
界	jiè	后缀	kingdom, circle	24
借助	jièzhù	动	have the aid of, be with the help of	23
金额	jīn'é	名	sum	14
紧接着	jǐn jiēzhe		next	19

进化	jìnhuà	动	evolve	13
近年来	jìnnián lái		in recent years	17
晋级	jìn//jí	动	level up, game upgrade	22
晋升	jìnshēng	动	promote or get promoted	18
禁忌	jìnjì	名 动	taboo; avoid	24
惊人	jīngrén	形	amazing, astonishing	14
精美	jīngměi	形	exquisite	22
精确	jīngquè	形	precise, accurate	24
敬畏	jìngwèi	动	revere	23
久盛不衰	jiǔshèng-bùshuāi		perpetuate	22
就算	jiùsuàn	连	even if	20
居室	jūshì	名	room	21
剧本	jùběn	名	script	19
剧情	jùqíng	名	plot	19
据	jù	介	according to	17
聚拢	jùlǒng	动	gather together, round up	15
决策	juécè	动 名	decide; decision	22
觉悟	juéwù	动 名	arouse, wake up; awareness	18
绝技	juéjì	名	unique skill	13
		K		
咖啡厅	kāfēitīng	名	Café	19
开采	kāicǎi	动	mine, exploit	23
开口	kāi//kǒu	动	say	18
开朗	kāilǎng	形	cheerful, sonsy	15
开销	kāixiāo	名 动	expenditure; spend	21
看	kān	动	watch over, look after	19
刻	kè	动	carve, inscribe	15
客户	kèhù	名	client	19
空荡荡	kōngdàngdàng	形	deserted, empty	16

孔雀	kǒngquè	名	peacock	13
恐惧	kǒngjù	形	fearful, scared	20
口味	kǒuwèi	名	the flavor or taste of food	19
哭诉	kūsù	动	weep, complain tearfully	16
哭笑不得	kūxiào-bùdé		find sth. both funny and annoying, be dumbfounding	19
夸张	kuāzhāng	形	exaggerated, overstated	15
矿物质	kuàngwùzhì	名	mineral	13
愧疚	kuìjiù	形	ashamed and uneasy	14
困扰	kùnrǎo	动	perplex, bewilder, baffle	13
		L		
喇叭	lǎba	名	trumpet, loudspeaker	15
来回	láihuí	副	to and fro	22
懒洋洋	lǎnyángyáng	形	lackadaisical	16
浪漫	làngmàn	形	romantic	21
牢	láo	形	tight, firm	19
老大不小	lǎodà-bùxiǎo		old enough	19
老鼠	lǎoshǔ	名	mouse	13
里程碑	lǐchéngbēi	名	milestone, landmark	23
历来	lìlái	副	always, constantly	18
连接	liánjiē	动	connect	14
脸谱	liǎnpǔ	名	facial makeup	15
良性	liángxìng	形	benign, positive	17
凉爽	liángshuǎng	形	cool	24
粮仓	liángcāng	名	granary	16
两侧	liǎngcè	名	two sides, two flanks	15
亮丽	liànglì	形	smart, pretty	18
聊天儿	liáo//tiānr	动	chat	17
了如指掌	liǎorúzhǐzhǎng		be fully aware of	20

猎人	lièrén	名	hunter, huntsman	13
灵活	línghuó	形	flexible, agile, nimble	15
零钱	língqián	名	change	14
流逝	liúshì	动	elapse	22
流通	liútōng	动	circulate	14
隆重	lóngzhòng	形	grand, ceremonious	24
笼罩	lǒngzhào	动	cover	23
卤煮	lǔzhǔ	名	(a kind of snack) boiled pork giblets with baked wheaten paste	19
录入	lùrù	动	input	20
露天	lùtiān	形 名	outdoor; open air	15
旅居	lǚjū	动	sojourn	17
率	lǜ	后缀	ratio	17
轮流	lúnliú	动	take turns	15
逻辑	luójí	名	logic	18
		M		
马戏团	mǎxìtuán	名	circus	16
嘛	ma	助	*used to urge in interrogatives or to emphasize the truthfulness in declaratives*	19
埋	mái	动	bury	16
买家	mǎijiā	名	buyer	14
卖家	màijiā	名	seller	14
满心	mǎnxīn	副	have one's heart filled with sth.	16
漫长	màncháng	形	long, endless	21
慢悠悠	mànyōuyōu	形	unhurriedly	13
贸易	màoyì	名	trade	22
眉毛	méimao	名	eyebrow	15
每当	měidāng	介	whenever	23
美貌	měimào	名 形	beauty; beautiful	19
魅力	mèilì	名	charm	22

门当户对	méndāng-hùduì		(of a marriage) both families be of equal social rank	19
觅食	mì//shí	动	forage	13
密闭	mìbì	动	be airtight, be hermetic	21
密密麻麻	mìmimámá	形	thickly dotted	14
蜜蜂	mìfēng	名	bee	19
绵绵	miánmián	形	continuous, unbroken	24
棉衣	miányī	名	cotton-padded coat	16
面部	miànbù	名	face	15
面对面	miànduìmiàn		face to face	22
面具	miànjù	名	mask	15
面值	miànzhí	名	face value	14
喵	miāo	拟声	mew	16
描绘	miáohuì	动	describe	17
名录	mínglù	名	directory, list	24
明亮	míngliàng	形	bright	16
命名	mìng//míng	动	name	23
模仿	mófǎng	动	imitate	22
模拟	mónǐ	动	simulate	23
模式	móshì	名	mode	17
莫过于	mòguòyú	动	nothing can surpass, nothing is more...than	21
母子	mǔzǐ	名	mother and child	13
目的地	mùdìdì	名	destination	14
目瞪口呆	mùdèng-kǒudāi		be struck dumb (with astonishment)	13
幕	mù	量	(of a play) act	13
		N		
男性	nánxìng	名	male	15
南半球	nánbànqiú	名	southern hemisphere	24
南极	nánjí	名	South Pole, Antarctic	23

难得	nándé	形	rare	19
内涵	nèihán	名	connotation	24
能否	néngfǒu	动	be able to or not	18
泥土	nítǔ	名	soil	24
泥制	nízhì	形	made of clay	15
念头	niàntou	名	thought, idea	16
凝固	nínggù	动	solidify, freeze	19
宁愿	nìngyuàn	副	preferably	20
扭	niǔ	动	twist	24
农时	nóngshí	名	farming season	24
农谚	nóngyàn	名	farmer's proverb	24
		O		
偶尔	ǒu'ěr	副	once in a while, occasionally	13
偶然	ǒurán	副 形	by chance; accidental	14
		P		
排泄	páixiè	动	excrete	21
庞大	pángdà	形	enormous, gigantic	23
胖乎乎	pànghūhū	形	plump, chubby	13
陪伴	péibàn	动	accompany	17
配偶	pèi'ǒu	名	spouse	17
配置	pèizhì	动	configure	21
皮毛	pímáo	名	fur, pelage	13
皮球	píqiú	名	rubber ball	22
匹配	pǐpèi	动	match	21
屁股	pìgu	名	hip, buttocks	13
骗子	piànzi	名	fraud, cheater	15
漂泊	piāobó	动	lead a wandering life	24
拼凑	pīncòu	动	cobble (together)	20
频繁	pínfán	形	frequent	20

品牌	pǐnpái	名	brand	20
平淡	píngdàn	形	common, insipid	23
平方米	píngfāngmǐ	量	square meter	21
平房	píngfáng	名	one-storey house	18
平日	píngrì	名	weekday, ordinary days	17
屏幕	píngmù	名	screen	14
扑	pū	动	pounce on, throw oneself on	13
铺	pū	动	put (cloth, sheet, etc.) on	16
		Q		
祈求	qíqiú	动	pray for	24
启动	qǐdòng	动	start (up)	23
起步	qǐbù	动	start	19
起初	qǐchū	名	beginning	16
起源	qǐyuán	动 名	originate; origin	24
气象	qìxiàng	名	meteorology	24
迁徙	qiānxǐ	动	migrate	24
前者	qiánzhě	名	the former	23
潜在	qiánzài	形	potential	21
歉意	qiànyì	名	apology	19
强壮	qiángzhuàng	形	strong, sturdy	13
轻车熟路	qīngchē-shúlù		adroitly	13
轻而易举	qīng'éryìjǔ		easy	23
清晨	qīngchén	名	early morning	16
清晰	qīngxī	形	distinct, clear	22
清洗	qīngxǐ	动	rinse, wash	15
情节	qíngjié	名	plot	15
情侣	qínglǚ	名	lovers	21
情愿	qíngyuàn	动	be willing (to)	16
庆典	qìngdiǎn	名	celebration	24

区分	qūfēn	动	distinguish	15
曲折	qūzhé	形	tortuous	19
渠道	qúdào	名	channel	21
劝导	quàndǎo	动	advise, try to persuade	19
		R		
绕	rào	动	move round, circle	23
热量	rèliàng	名	heat	24
人均	rénjūn	动	average	17
人物	rénwù	名	figure, character	15
人造	rénzào	形	man-made, artificial	23
忍受	rěnshòu	动	bear, endure	21
认	rèn	动	recognize	16
日益	rìyì	副	increasingly	17
融化	rónghuà	动	melt, be emotionally touched	16
融入	róngrù		blend into	17
柔韧	róurèn	形	pliable, withy	13
肉食	ròushí	形	carnivorous	13
如此	rúcǐ	代	so, such	13
入睡	rùshuì	动	fall asleep	16
入职	rù//zhí	动	be on board, enter	18
若	ruò	连	if	22
		S		
塞	sāi	动	fill in, plug in	14
扫码	sǎo//mǎ	动	scan QR code	14
傻瓜	shǎguā	名	fool	14
山区	shānqū	名	mountains	13
善意	shànyì	名	good-will, kindness	16
商贩	shāngfàn	名	peddler, vendor	14
商家	shāngjiā	名	seller	14

上报	shàngbào	动	report	18
上演	shàngyǎn	动	put on the stage, perform	19
稍微	shāowēi	副	a little, a bit	13
奢侈品	shēchǐpǐn	名	luxury	20
社区	shèqū	名	community	18
涉及	shèjí	动	involve	22
摄像头	shèxiàngtóu	名	camera	20
申报	shēnbào	动	declare	24
深处	shēnchù	名	depth	20
深造	shēnzào	动	further one's education	18
神	shén	名	god	23
生态	shēngtài	名	ecology	23
生物	shēngwù	名	creature, biology	23
声调	shēngdiào	名	tone	16
省事	shěng//shì	形 动	convenient; save trouble	21
失落	shīluò	形 动	lost, disappointed; feel lost	17
失误	shīwù	动 名	fail; fault, mistake	18
失踪	shī//zōng	动	disappear	16
诗词歌赋	shī-cí-gē-fù		verses, ditties, odes and songs (the four forms of poetry)	24
十足	shízú	形	very	14
时而	shí'ér	副	now and then, occasionally	16
时节	shíjié	名	season	24
时空	shíkōng	名	space-time	22
时期	shíqī	名	period, stage	15
识别	shíbié	动	distinguish, identify	14
实话实说	shíhuà-shíshuō		to tell the truth, frankly speaking	19
实践	shíjiàn	动 名	practice	24
实物	shíwù	名	entity	14

食谱	shípǔ	名	recipe	13
使得	shǐde	动	make, let, cause	22
式	shì	后缀	-typed	17
事与愿违	shìyǔyuànwéi		things go contrary to one's wishes	17
试用期	shìyòngqī	名	probation period, qualifying period	18
视而不见	shì'érbújiàn		turn a blind eye to	20
视线	shìxiàn	名	sight	14
柿子	shìzi	名	persimmon	21
适宜	shìyí	形	suitable	17
释放	shìfàng	动	release	22
收藏	shōucáng	动	collect	22
收款	shōu//kuǎn	动	collect payments	14
收取	shōuqǔ	动	charge, collect	14
手脚	shǒujiǎo	名	hand and foot	17
手足无措	shǒuzú-wúcuò		be bewildered	18
首次	shǒucì	数量	first time	23
寿命	shòumìng	名	life span	17
数据库	shùjùkù	名	database	20
水箱	shuǐxiāng	名	water tank, water box	21
顺其自然	shùnqízìrán		let nature take its course, let it be	19
说实话	shuō shíhuà		to tell the truth	18
思路	sīlù	名	thought	17
四处	sìchù	名	everywhere	16
四季	sìjì	名	the four seasons	24
饲养	sìyǎng	动	raise, breed	13
松软	sōngruǎn	形	soft	24
搜索	sōusuǒ	动	search, seek	16
素质	sùzhì	名	quality, diathesis	22
算账	suàn//zhàng	动	count	21

所谓	suǒwèi	形	so-called	17
所在	suǒzài	名	ubiety	22
T				
踏	tà	动	step, tread	23
台词	táicí	名	lines	15
太空	tàikōng	名	space	23
太阳能	tàiyángnéng	名	solar energy/power	23
弹	tán	动	pop up	14
叹气	tàn//qì	动	sigh	16
探测器	tàncèqì	名	detector	23
探索	tànsuǒ	动	explore	17
掏	tāo	动	take out	14
淘气	táo//qì	形	naughty	16
套房	tàofáng	名	suite	17
特	tè	副	greatly, exceptionally, specially	19
特意	tèyì	副	deliberately	17
体操	tǐcāo	名	gymnastics	13
体温	tǐwēn	名	body temperature	22
体系	tǐxì	名	system	24
替补	tìbǔ	动	substitute	18
天然	tiānrán	形	natural	23
天文	tiānwén	名	astronomy	24
田野	tiányě	名	field	24
舔	tiǎn	动	lick	13
停车位	tíngchēwèi	名	parking space	21
停放	tíngfàng	动	park	21
停留	tíngliú	动	remain, stay	18
通勤	tōngqín	动	commute	21

通人性	tōng rénxìng		(esp. for non-human species) be of human nature	16
通往	tōngwǎng		lead to	20
通信	tōngxìn	名	communication	20
同感	tónggǎn	名	same feeling, sympathy	19
同一	tóngyī	形	same	17
透露	tòulù	动	disclose, reveal	20
凸显	tūxiǎn	动	stand out, highlight	15
图案	tú'àn	名	pattern, design	15
土壤	tǔrǎng	名	soil	23
团	tuán	动	roll (oneself or something else) into a ball	13
推出	tuīchū	动	launch, introduce	17
推理	tuīlǐ	动	infer, reason	18
推送	tuīsòng	动	push (ads, commercials, etc.)	20
推行	tuīxíng	动	carry out	20
退休金	tuìxiūjīn	名	pension	19
脱离	tuōlí	动	break away from, separate from	18
W				
娃娃	wáwa	名	doll	22
外公	wàigōng	名	maternal grandfather	16
外科	wàikē	名	surgery	22
外孙	wàisūn	名	grandson	16
弯曲	wānqū	形	curved, bent	15
玩家	wánjiā	名	(game) player	22
玩耍	wánshuǎ	动	play	16
晚年	wǎnnián	名	later life	17
网约车	wǎngyuēchē	名	online ride-hailing service	20
往常	wǎngcháng	名	usual	16
往事	wǎngshì	名	past, bygone	16

望	wàng	动	look at, gaze, watch	23
威严	wēiyán	名 形	prestige; stately, majestic	15
为止	wéizhǐ	动	end, cease	21
围绕	wéirào	动	surround	24
唯一	wéiyī	形	only, sole	14
卫星	wèixīng	名	satellite	23
未婚	wèihūn	形	(state of being) unmarried	20
位数	wèishù	名	digit, figure	14
温柔	wēnróu	形	gentle	16
温馨	wēnxīn	形	warm and cozy	21
嗡	wēng	拟声	buzz (an onomatopoeic for depicting a buzzing or droning sound as produced by bumblebees, engines, etc.)	19
屋檐	wūyán	名	eave	17
无动于衷	wúdòngyúzhōng		be indifferent (to), sit by	16
无奈	wúnài	动	feel helpless and powerless	21
无时无刻	wúshí-wúkè		at any moment, all the time	20
无所不知	wúsuǒbùzhī		know everything	20
五官	wǔguān	名	five sense organs, feature	15
物候	wùhòu	名	phenology	24
物品	wùpǐn	名	item, article	21
物业	wùyè	名	property management company	20
误解	wùjiě	名 动	misunderstanding; misunderstand	20
		X		
膝盖	xīgài	名	knee	16
习俗	xísú	名	convention, custom	24
洗发水	xǐfàshuǐ	名	shampoo	20
喜剧	xǐjù	名	comedy	19
喜悦	xǐyuè	形	pleasant, cheerful	16
戏剧	xìjù	名	play, drama, opera	15

系统	xìtǒng	名 形	system; systemic	14
细菌	xìjūn	名	germ, bacterium	14
细碎	xìsuì	形	fragmented	18
狭小	xiáxiǎo	形	narrow, poky	21
下棋	xià//qí	动	play chess	17
下水	xià//shuǐ	动	enter the water	13
下游	xiàyóu	名	lower reaches	24
吓	xià	动	be frightened	21
鲜艳	xiānyàn	形	bright-colored	15
显而易见	xiǎn'éryìjiàn		obvious, apparent	24
限量	xiànliàng	动 名	limit; limitation	22
线条	xiàntiáo	名	line	15
陷阱	xiànjǐng	名	trap	18
相比之下	xiāngbǐ zhī xià		in contrast	15
相差	xiāngchà	动	differ	13
相传	xiāngchuán	动	be according to legend	24
相当于	xiāngdāngyú	动	amount to, be equal to	18
相对	xiāngduì	形	relative	17
相亲	xiāng//qīn	动	go on a blind date	19
相应	xiāngyìng	动	correspond	17
享有	xiǎngyǒu	动	enjoy	24
想方设法	xiǎngfāng-shèfǎ		try every means	19
象征	xiàngzhēng	动 名	symbolize; symbol	15
消除	xiāochú	动	eliminate	14
小菜一碟	xiǎocài-yìdié		a piece of cake	13
小丑	xiǎochǒu	名	clown	16
小费	xiǎofèi	名	tip	14
小麦	xiǎomài	名	wheat	24
小区	xiǎoqū	名	neighborhood, community	20

小溪	xiǎoxī	名	stream, brook	13
肖像	xiàoxiàng	名	portrait	20
写字楼	xiězìlóu	名	office building	18
泄露	xièlòu	动	reveal, let out	20
懈怠	xièdài	形	slack	14
心甘情愿	xīngān-qíngyuàn		be willing to	20
心头	xīntóu	名	heart, mind	16
欣赏	xīnshǎng	动	appreciate	15
新能源	xīnnéngyuán	名	new energy	21
信仰	xìnyǎng	名 动	belief, faith; believe in	24
兴起	xīngqǐ	动	spring up, rise	17
星际	xīngjì	形	interstellar	23
形形色色	xíngxíngsèsè	形	all sorts of	19
熊	xióng	名	bear	13
休闲	xiūxián	动	relax	22
虚拟	xūnǐ	形 动	unreal, virtual; invented	22
选拔	xuǎnbá	动	select, choose	18
学历	xuélì	名	educational background	18
血液	xuèyè	名	blood	19
血缘	xuèyuán	名	blood relationship	19
询问	xúnwèn	动	inquire, ask	18
循环	xúnhuán	动	cycle	17
循序渐进	xúnxù-jiànjìn		(proceed) step by step	23
		Y		
烟花	yānhuā	名	fireworks	21
严寒	yánhán	形	frigid, icy	13
岩石	yánshí	名	rock	23
沿	yán	介	along	16
眼角	yǎnjiǎo	名	canthus, the corner of the eye	15

眼神	yǎnshén	名	expression in one's eyes	15
演化	yǎnhuà	动	evolve	23
演奏	yǎnzòu	动	play (a musical instrument)	22
养儿防老	yǎng ér fánglǎo		raise children to provide for one's old age	17
养老	yǎng//lǎo	动	support the elderly	17
养老院	yǎnglǎoyuàn	名	geracomium	17
氧气	yǎngqì	名	oxygen	23
样式	yàngshì	名	style, pattern	15
摇头	yáo//tóu	动	shake one's head	16
遥不可及	yáobùkějí		out of reach	23
咬	yǎo	动	bite	13
要点	yàodiǎn	名	main point	18
要好	yàohǎo	形	close (as between friends, neighbors, etc.)	17
要么	yàome	连	either...(or...)	21
野生	yěshēng	形	wild, uncultivated	13
业务	yèwù	名	business	18
业主	yèzhǔ	名	proprietor	20
夜市	yèshì	名	night fair, night market	14
一流	yīliú	形	first-class	18
一一	yīyī	副	one by one, one after another	20
依赖	yīlài	动	rely/depend on	23
一大早	yídàzǎo	名	early in the morning	24
一带	yídài	名	area	24
一见钟情	yíjiàn-zhōngqíng		fall in love at first sight	19
仪式	yíshì	名	ceremony	21
遗憾	yíhàn	形 名	regretful, sorry; regret, pity	19
以	yǐ	介	with, by	22
以便	yǐbiàn	连	in order to	14
以至于	yǐzhìyú	连	(so…) as to, (so…) that	18

一番	yìfān	数量	one time	19
一闪而过	yìshǎn'érguò		flash by	16
一身	yìshēn	名	whole body	13
一丝	yìsī	数量	a little bit	16
一同	yìtóng	副	together	17
一无所获	yìwúsuǒhuò		get nothing	16
一无所知	yìwúsuǒzhī		utterly ignorant	20
一席之地	yìxízhīdì		a certain position	14
艺术家	yìshùjiā	名	artist	14
异乡	yìxiāng	名	foreign land	24
意味着	yìwèizhe	动	mean	18
意愿	yìyuàn	名	will	17
因	yīn	介	because of	22
因地制宜	yīndì-zhìyí		(do sth.) according to local conditions	24
因而	yīn'ér	连	so	15
音量	yīnliàng	名	volume	15
音响	yīnxiǎng	名	audio equipment	15
引发	yǐnfā	动	trigger	17
引力	yǐnlì	名	gravitation, gravity	23
引擎	yǐnqíng	名	engine	20
饮料	yǐnliào	名	drink, beverage	14
隐藏	yǐncáng	动	conceal, hide	20
隐患	yǐnhuàn	名	hidden trouble	21
隐私	yǐnsī	名	privacy	20
英雄	yīngxióng	名	hero	15
应对	yìngduì	动	deal with, tackle	18
应急	yìng//jí	动	respond to an emergency	21
拥抱	yōngbào	动	embrace, hug	20
勇于	yǒngyú	动	have the courage to	18

用不着	yòngbuzháo	动	have no use for, do not need (to)	19
优惠券	yōuhuìquàn	名	coupon, courtesy card	20
悠久	yōujiǔ	形	long, time-honored	15
由	yóu	介	by	14
油彩	yóucǎi	名	greasepaint	15
游荡	yóudàng	动	wander	16
有关	yǒuguān	动	be concerned with, have sth. to do with	17
有所	yǒusuǒ	动	have, be	15
有条不紊	yǒutiáo-bùwěn		orderly, systematically	18
有朝一日	yǒuzhāo-yírì		one day (in the future)	23
有助于	yǒuzhùyú	动	contribute to, help, assist	23
于	yú	介	in, at, on	23
余额	yú'é	名	balance, remaining sum	14
鱼尾纹	yúwěiwén	名	crow's feet	15
娱乐	yúlè	动 名	entertain; amusement, entertainment	20
渔民	yúmín	名	fisherman	24
瑜伽	yújia	名	yoga	13
宇航员	yǔhángyuán	名	astronaut	23
宇宙	yǔzhòu	名	universe, cosmos	23
预知	yùzhī	动	foresee	20
欲罢不能	yùbà-bùnéng		can't help doing (sth.)	22
寓意	yùyì	名	implied meaning	21
誉为	yùwéi		be acclaimed/praised as	24
元素	yuánsù	名	element	15
原本	yuánběn	副	originally	18
原地	yuándì	名	original place	18
原件	yuánjiàn	名	original copy	23
圆滚滚	yuángǔngǔn	形	plump, chubby	16
源头	yuántóu	名	source, origin	15

源于	yuányú		originate, stem from	23
远远	yuǎnyuǎn		far	18
月光	yuèguāng	名	moonlight	23
月球	yuèqiú	名	moon	23
乐器	yuèqì	名	(musical) instrument	22
晕	yūn	动 形	be knocked off; faint, dizzy	13
允许	yǔnxǔ	动	allow, permit	21
运行	yùnxíng	动	move, be in motion	23
		Z		
杂技	zájì	名	acrobatics	13
栽培	zāipéi	动	cultivate	24
在场	zàichǎng	动	be on the scene, be on the spot	18
在意	zài//yì	动	care about	16
载	zài	动	load, carry	23
攒	zǎn	动	save (money), collect	14
遭遇	zāoyù	动 名	encounter; (bitter) experience	14
噪声	zàoshēng	名	noise	21
则	zé	连	while	15
责问	zéwèn	动	blame, accuse	16
增速	zēngsù	动	speed up, accelerate	17
诈骗	zhàpiàn	动	defraud	14
摘	zhāi	动	take off	15
展示	zhǎnshì	动	show, exhibit	19
占据	zhànjù	动	occupy	23
长辈	zhǎngbèi	名	elder member of a family	19
账单	zhàngdān	名	bill	20
障碍	zhàng'ài	名	obstacle, barrier	22
招聘	zhāopìn	动	recruit	18
真空	zhēnkōng	名	vacuum	23

争议	zhēngyì	动	dispute, argue	22
睁	zhēng	动	open (eyes) or keep (eyes) open	16
整容	zhěng//róng	动	get/have cosmetic surgery	20
正义	zhèngyì	名 形	justice, righteousness; justified, righteous	15
之类	zhīlèi	名	and things (like that)	14
之内	zhīnèi	名	within	18
之所以	zhīsuǒyǐ	连	the reason why	18
支出	zhīchū	名 动	expense; spend	14
知己	zhījǐ	名	confidant, intimate friend, bosom friend	17
执行	zhíxíng	动	execute, carry out	18
值班	zhí//bān	动	be on duty	18
指令	zhǐlìng	名	order, instruction	22
制取	zhìqǔ		produce	23
中央	zhōngyāng	名	center	18
中游	zhōngyóu	名	middle reaches	24
忠诚	zhōngchéng	名 形	loyalty; loyal, faithful	15
重力	zhònglì	名	gravity	23
周期	zhōuqī	名	cycle, period	24
皱	zhòu	动	crinkle, wrinkle	15
皱纹	zhòuwén	名	wrinkle	15
珠宝	zhūbǎo	名	jewelry	14
诸如	zhūrú	动	be like	22
竹子	zhúzi	名	bamboo	13
住处	zhùchù	名	residence, dwelling	14
住宿	zhùsù	动	accommodate	21
住宅	zhùzhái	名	residence	21
转化	zhuǎnhuà	动	convert, transform	20
转换	zhuǎnhuàn	动	switch, shift, convert	15
赚	zhuàn	动	earn, gain	21

庄稼	zhuāngjia	名	crops	13
资助	zīzhù	动	subsidize	19
紫色	zǐsè	名	purple	15
自在	zìzai	形	comfortable, at ease	21
综上所述	zōngshàng-suǒshù		as mentioned above, in conclusion	15
棕色	zōngsè	名	brown	15
租金	zūjīn	名	rent	17
族	zú	后缀	*a newly emerged suffix for categorizing a class of people sharing certain special features*	19
钻	zuān	动	squeeze	16
最佳	zuìjiā	形	optimum, best	22

专有名词			
阿波罗	Ābōluó	*Apollo*	23
埃及	Āijí	Egypt	23
埃塞俄比亚	Āisài'ébǐyà	Ethiopia	24
安迪·沃霍尔	Āndí Wòhuò'ěr	Andy Warhol (name of a person)	14
奥运会	Àoyùnhuì	the Olympic Games	13
长春	Chángchūn	Changchun (capital of Jilin Province)	17
大渡河	Dàdù Hé	Dadu River (in Sichuan Province)	13
德国	Déguó	Germany	22
东北	Dōngběi	Northeast China	24
侗族	Dòngzú	Dong Minority	24
端午节	Duānwǔ Jié	Dragon Boat Festival	24
俄罗斯方块	Éluósī Fāngkuài	Tetris game	22
谷歌	Gǔgē	Google	20
国贸	Guómào	China World Trade Center	21
海南	Hǎinán	Hainan (Province)	17
杭州	Hángzhōu	Hangzhou (capital of Zhejiang Province)	17
河北	Héběi	Hebei (Province)	21
华北	Huáběi	North China	24
黄河	Huáng Hé	Yellow River	24
江南	Jiāngnán	south of the lower reaches of the Yangtze River	24
乐高	Lègāo	LEGO	22
联合国非洲经济委员会	Liánhéguó Fēizhōu Jīngjì Wěiyuánhuì	United Nations Economic Commission for Africa	24
联合国教科文组织	Liánhéguó Jiào-kē-wén Zǔzhī	United Nations Educational, Scientific and Cultural Organization	24
脸书	Liǎnshū	Facebook	20
刘凡	Liú Fán	name of a person	18
罗马	Luómǎ	Rome	15
岷江	Mín Jiāng	Minjiang River (in Sichuan Province)	13

模拟人生	Mónǐ Rénshēng	The Sims	22
尼尔·阿姆斯特朗	Ní'ěr Āmǔsītèlǎng	Neil Armstrong (name of a person)	23
秦岭	Qín Lǐng	Qinling Mountains	13
人类非物质文化遗产代表作名录	Rénlèi Fēiwùzhì Wénhuà Yíchǎn Dàibiǎozuò Mínglù	Representative List of the Intangible Cultural Heritage of Humanity	24
深圳	Shēnzhèn	Shenzhen (in Guangdong Province)	21
沈阳	Shěnyáng	Shenyang (capital of Liaoning Province)	17
石阡	Shíqiān	Shiqian	24
顺义	Shùnyì	*a district of Beijing*	20
斯金纳箱	Sījīnnàxiāng	Skinner box	22
苏联	Sūlián	the Soviet Union	23
苏美尔	Sūměi'ěr	Sumer	23
天安门	Tiān'ān Mén	Tian'anmen	21
武汉	Wǔhàn	Wuhan (capital of Hubei Province)	13
希腊	Xīlà	Greece	15
小胡	Xiǎo Hú	name of a person	21
小乔	Xiǎo Qiáo	name of a person	21
小张	Xiǎo Zhāng	name of a person	21
亚的斯亚贝巴	Yàdìsīyàbèibā	Addis Ababa	24
亚马逊	Yàmǎxùn	Amazon	20
燕郊	Yānjiāo	Yanjiao (the district in Hebei Province)	21
印度	Yìndù	India	13
中秋节	Zhōngqiū Jié	Mid-Autumn Festival	24